歌德的安慰

沒有什麼比自然更偉大

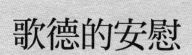

Trost bei Goethe

歌德（Johann Wolfgang von Goethe）—— 著

吳佳馨—— 譯

Nichts ist groß als
das Natürliche.

Gott giebt die
Nüsse
aber er beißt sie
nicht auf

Weimar
d. 9 Octbr
1811   *Goethe*

「上帝賜給我們堅果，但並沒有把它們咬開。」

—— 歌德，於威瑪

從語錄尋找歌德的生命

鄭芳雄（台大外文系退休教授）

　　《歌德的安慰》在 20 世紀初受到青睞有其時代背景：第一次大戰後，德意志帝國敗亡，在不平等的《凡爾賽合約》徹底蹂躪之下，昔日的歷史悲情再度浮現，落魄徬徨的德國人欲藉助歌德在威瑪的精神支柱，建立「威瑪共和國」（1918-1933）。於是掀起新古典派、表現主義思潮，主張四海一家（Weltbruderschaft）、世界和平。「歌德語錄」中的自然和諧論、住進心性（Wohnen in sich selbst）、萬物一體的宇宙觀以及文學教育，影響叔本華和尼采的生命意志哲學和美學哲學。而後者也為當時「西方的沒落」（1918）文化危機尋找出路。對於二十世紀二戰前後的讀者，尼采的反戰訴求「勿過度崇尚軍事，以免為了帝國而摧毀德國文化」普遍引起共鳴，這篇〈不合時宜的觀察〉還以歌德期勉德國人深耕文化的話語作歸結，無非冀望建立「真正的德國文化素養」（echte deutsche Bildung）。歌德的思想在不同的時代，均為世人帶來新的話語、新的思考、新的安慰。

作品的雋言，家喻戶曉

本書與其說是語錄或格言集（歌德有出《格言與反思集》*Maximen und Reflexionen*），倒不如說是歌德作品摘錄與文萃選集，雖沒標示出作品出處，但附有原文，讀者不難從網路找到歌德說過的每句話。除引述長篇小說及戲劇之外，像其中所摘錄世界名著的頌詩如"Ganymed"和抒情詩，以及《少年維持的煩惱》、《浮士德》的詩句，都是德國讀者所熟悉的童年共同回憶，就像華人之熟讀〈歸去來辭〉之類的古文觀止或唐詩三百，已潛入廣大讀者的集體意識。

歌德（JohannWolfgang von Goethe, 1749-1832）所著143冊的作品，內容包羅萬象，涉及人生世相的各個層面。他的詩人地位，在文壇、學界一向與但丁、莎翁併列，評定為古今西方文學的三大詩人之一，卻忽略歌德作為教育家、哲學家、自然科學家、兼通法學、政治、神學等多元角色的影響力，其作品的古典寫實風格直接反映出他豐富的生活經驗、對人生的省思和懺悔。一個浮士德式的典型，懷著永不滿足的求知慾，尋求精神的解脫，使歌德成為「西方自文藝復興以後最博學的詩人」（Hopper, European Literature）。他的作品有取之不盡的雋言，精選收入這本「歌德語錄」，為讀者提供豐富的生活智慧。

儘管愛默生多麼崇拜莎翁，他認為莎與歌德相比，

完全缺乏「宗教感」，不像後者的真正「詩僧」（poet priest）本色。兩相比較，托爾斯泰甚至認為莎翁不真實，在他「全部作品中，人們只看到蓄意賣弄技巧，瞧不出他的真情，只是在玩弄文字而已」。而首位引進德國古典美學以評論中國詩學的王國維不禁慨嘆：「生百政治家不如生一大文豪」，彰顯歌德文學對於國民教育的影響。有感於歌德詩教的社會功能，台灣首位民選總統李登輝一上台便呼籲國人要發揮浮士德的精神：百歲的浮士德，雖兩眼已瞎，但內心智慧愈發清明，仍孜孜不倦，開發海埔新生地，造福人群。

　　以上是德國文化圈外讀者反應的點滴。

德意志文化國代表人物的生命開端

　　在德國人文社會圈內，歌德被尊奉為德國民族詩人、「國民第一導師」（語出貝多芬，即使他批評歌德「太安逸於宮廷氣氛，有失詩人風格」），不只因為他的世界文學作品傳世不朽，而是他身教言教的典範、古典美學和人生哲學思想，為德意志民族塑造一個既古典又浪漫的「威瑪古典文學」，於 18、19 世紀之交奠定了德意志文化國的基礎。令人質疑的是，在當時德國四分五裂、七零八落、由一兩百個諸侯小國分治、政經極為落後的局面，如何冒出這麼一個「詩與真實」的巨人？

歌德出身於法蘭克福市的中產階級家庭，家境優渥。父系祖先三代業農商，祖父是名裁縫師，遊歷各國之後定居法蘭克福，族中唯父親讀過大學，且取得法學博士，他生活嚴謹，38 歲娶得年方 17 的市長之女為妻。這位年輕的母親出身書香官宦世家，性情開朗，活潑健談，與丈夫恰成對比。歌德自述其詩人的遺傳基因：體格和生活的嚴謹得自父親，而開朗的天性和編造故事的樂趣（Frohnatur und die Lust zu fabulieren）得自母親。兩者對於他轟轟烈烈創作生涯、源源不絕的書寫，缺一不可，不以規矩哪成方圓？天縱才華也「須有限制才能顯現宗師，唯有法則始能賦予我們自由」（見本書〈自然與藝術〉）。屬於天才狂飆時代（1765-1785）創作計畫的《浮士德》之原稿（第一部《葛麗卿的悲劇》，脫稿於 1773 年，而整部鉅著則在他臨死之前一年才完成。又，《威廉‧麥斯特》兩部長篇教育小說，從麥斯特的《戲劇使命》（1776）、《學徒時代》（1796）到《浪遊歲月》（1827），前後共掰（fabulieren）了半個世紀有餘，道盡詩人的理想和他所經歷的人生世相。試問，若無足夠的體力和書寫毅力支撐，如何克盡其功？正如「語錄」中引自《浮士德》的金句所云：唯鍥而不捨的人才能得救。

歌德在父親及其所延聘的三位家庭教師嚴苛的教育下，自幼學習拉丁文、希臘文，及法、英、義文等，紮

下深厚的語文根基，更修文史、自然學科，以及繪畫、騎馬、劍術，可謂文武兼備，進入大學之前，他已經是能詩能文的才子，這從他 16 歲時用法文與大妹通信，並引用莎翁戲劇中的詩句、後來身邊時常抱著荷馬史詩、翻譯英國古詩，可知一斑。「語錄」讀者所讀到維特的言行，幾乎就是歌德本人，因為《維特》故事內容九成是作者的自傳寫實！

詩與歷史的豐富生命

值得作家、讀者參考的是，歌德把文學書寫當作生活的省思和自我表白的習慣，這習慣是他自從十六、七歲在萊比錫大學讀法律時就已養成，而且「一生從未背離過，那就是，我習慣把令我快樂或痛苦、或吸引我的事物，轉化為一幅畫（文字表象）、一首詩，以便對自己做個了結，不僅藉此調整我對外在事物的想法，同時也為了獲得內心的平靜。沒有人比我這生來就容易走極端的人，更需要這種天賦。因此，我所發表的東西，不外是一個大表白的片段而已」。歌德晚年在《詩與真實》中的回憶，在於說明 17 歲的大學生墮入感情的困擾，為了表白他跟 K. Schönkopf 之間的戀情，而寫下牧歌劇《愛人的脾氣》和洛可可式的情歌。不過，我們毋寧相信這種感性生活的內化、自省與表白手法的運用，與隔年（1768）詩人激情過後、輟學回老家養病期間，受到

虔信主義（Pietismus）的洗禮有關。

　　青年歌德在史特拉斯堡大學完成法學博士之前，得到賀爾德（Johann Gottfried Herder）的德意志「語言文化人類學」文藝理論，及其自然詩、國民詩（Volkspoesie）概念的啟示，眼界轉向盧梭、莎士比亞、英國古詩、歐西安（Ossian）、民謠、德意志中世紀文化和建築藝術，而啟開詩與歷史的豐富生命。自 1770年後，歌德不僅為賀爾德蒐集民謠，而且模仿民謠體式，運用民謠題材，表達個人的感情生活經驗，寫出〈五月之歌〉（Maifest）、〈野玫瑰〉、〈小紫羅蘭〉之類的詩歌，摒棄當時外來的洛可可詩體，回歸到德國民歌傳統，不僅將詩歌體的形式和內容推展到前所未有的高峰，同時以其直訴心靈感性的抒情，經由舒伯特、莫札特譜成藝術歌曲，傳唱到世界各地，因此也部分收入在這本「語錄」。

從小說到不斷開展的人生

　　影響詩人一生最為深遠的，是他 25 歲所發表的小說《少年維特的煩惱》（1774），此書之所以暢銷全歐而成為德國文學史上第一部世界文學，因為它凝聚天才詩人的熱情與血淚，不只宣洩當時知識份子沒有國家的悲情、必須卑躬屈膝地生活在貴族欺壓之下的苦悶，也道盡 18 世紀革命之前，歐洲青年多愁善感的心聲。換

言之，詩人赤子之心所湧現的真情和崇高理想，就像澎湃的洪流，沖毀了虛偽冷酷的理性主義和封建社會所築成的堤防，十足反映當時由盧梭、理查森（Samuel Richardson）所營造的反樸歸真、回歸自然的感性世界。

這本小說震驚了當時文壇和政界。歌德一夕成為大作家，大詩人克洛普史托克（Klopstock）隨即登門拜訪，之後訪客不絕，包括 Madame De Stael（1798），1806 年拿破崙攻占普魯士及其附庸國威瑪時，也為了《維特》一書召見歌德。書中「言語滔滔又優美，純真而富原創性，而且措辭特別風趣。人長得既高大又帥氣，對人對事有他自己的理念和獨特的看法、獨特的語言……」，憑此印象及教育理念，歌德就被奧古斯特公爵相中，邀請到威瑪公國當官（1775 年）。從此，狂飆詩人就在方圓 1900 平方公里、人口僅及十萬的薩克森威瑪安身立命，官至樞密大臣、首相。歌德深得公爵器重，彼此結為密友，先後執掌軍事、路政、水利，並負責開採伊爾門腦礦山。他不斷透過不同職務拓展人生視野，從各個生活層面磨練自己、吸取新知。他把公務處理視為對自己辦事能力與人際規範的一種考驗，於是開始研究歷史、地質、色彩學、植物和骨骼等實用科學。

科學界，歌德首先發現人類的「顎間骨」（Zwischenkieferknochen）和色盲。不過從他所發明的性質來看，不難發現他的研究興趣不側重對事物的準確

分析，而是偏向對整體的直觀與推測。正如席勒分析歌德的文學書寫風格，是由生活經驗的「殊相」歸納到人性的「共相」（見 1794.8.23 席勒致歌德的書信）。歌德所發明的所謂「形象學」，講求用有機美學的角度，觀察生物的形狀及其變形的軌跡，並觀悟展現於宇宙有機體，乃至人生社會當中永恆演變的法則。這種運作於宇宙間之自然法則，在植物界則展現在泉林盛景、草木繁花之中。他說：「此一無所不在的法則，自會孕育出美麗的客體形象，藉著這些形象，它（自然法則）一定會找到相對的主體來領悟它的」，這種人的心性與自然是相通的自然哲學，也常出現在「歌德語錄」的內文。

與知音──席勒結識

但忙碌的公務和研究自然科學、熱衷藝術之理論與實作，甚至與史坦夫人之戀情，並未完全阻止他文學創作之心志。1780 年前後十年間，除了無數詩文小品之外，歌德相繼完成《艾格蒙》、《伊菲格尼》、《塔索》等劇。從義大利旅行回來後，在一個學術會議上歌德邂逅了當時在 Jena 大學教歷史的詩人席勒（F. Schiller，1759-1805），也是狂飆時代《群盜》與〈歡樂頌〉（An die Freude）的作者，兩人如遇知音，相互切磋激勵，重新點燃文藝創作的火焰。時而競寫敘述詩，時而發表大量詩文刊載於自己主編的刊物《時序》、《贈詩》、《藝

術年鑑》，時而長篇累牘地暢談個人寫作與人生經驗，一千多頁的《歌德與席勒書信集》成為研究德國古典文學的必讀文獻。在席勒的激勵下，歌德再度撰寫中斷多年的《浮士德》悲劇和《威廉‧麥斯特》之長篇。而在歌德的激勵下，席勒的創作力也達到頂峰，在其生命的最後十年中，每年均有古典名劇發表如："Wallenstein"（《瓦倫斯坦》），"Maria Stuart"（《瑪麗亞‧司徒雅特》），"Die Jungfrau von Orleans"（《奧爾良姑娘》），"Wilhelm Tell"（《威廉‧泰爾》）…

席勒為歌德所主掌的威瑪宮廷劇院提供主要演出劇目，歌德平生只遇到此一詩人知音，故他在信上說：「我已經不再是詩人，你賜給我第二次青春，使我再度成為詩人」，景仰感激之情溢於言表。讀這本語錄中的詩〈觀席勒的頭骨有感〉（Bei Betrachtung von Schillers Schädel）應該從這個背景來瞭解。

1832 年 3 月 17 日威瑪嚴冬未了，歌德微染感冒，還口授一封長信，回覆哲學家暨教育家威廉‧馮‧洪堡（Wilhelm von Humboldt），描寫他六十年來撰寫《浮士德》的過程。隔了五天，即 3 月 22 日，一代詩人歌德悄悄辭世，享年 83。翌日清晨，秘書艾克曼他所景仰的詩人：「他全身舒泰地仰躺著，在安息，狀似熟睡，莊嚴高貴的臉孔散發出十分安詳、堅定的表情，寬大的額頭似乎仍在運思……」

追求「衝創意志」、闡揚生命哲學、要求作品須「以血書之」的尼采說，歌德的文藝創作是「生命意志的最高的快樂目標」。又說：「我一談到柏拉圖、斯賓諾莎和歌德，即感到他們的血液在我體內滾動」，看來尼采才是歌德最忠實的信徒。

來自歌德的安慰

萬壹遵（東吳大學德國文化學系副教授兼系主任）

　　無論少年維特還是普羅米修斯，都是德語文壇中想要一個人挑翻全世界的狂飆代表，很難想像他們的創作人——年輕的歌德（Johann Wolfgang Goethe）——後來怎麼受得了充滿拘束的宮廷生活。

　　自從三十七歲那年去了一趟義大利之後，原本無法調節狂飆與公務的歌德（Johann Wolfgang von Goethe）[1] 宛如突破了中年危機，找到人生的新方向，開始視復興古希臘羅馬的古典精神為己任，甚至提出「古典是健康，浪漫為病態」的引戰說法。但是他大概沒想過自己會和席勒（Friedrich Schiller）一起被塑造成德意志「自己的」古典——也就是所謂的「威瑪古典」（Weimarer Klassik）。這個由二人團體組成的「古典」其實是普魯士在 1871 年主導德意志統一之後、為新成立的德意志帝國所創造的政治敘事，用意在於藉助「古典」本身的民族意涵塑造出想像的共同體，於是乎，歌德便從眾多德意志的能人異士之中躍升為「民族的偉人」，連帶也

1　歌德出身於法蘭克福（Frankfurt a.M.）中產階級，原名 Johann Wolfgang Goethe，三十三歲那年被拔擢為貴族，名字中間才多了代表貴族的 von。

將好友席勒一併拉上不可動搖的地位。1932 年，德意志學院（Deutsche Akademie）將旗下的對外德語教育機構命名為「歌德學院」，亦是同一個邏輯的延伸。[2]

不過，歌德之所以倍受崇拜，當然也有他自己出眾的原因：先是以一本《少年維特的煩惱》（*Die Leiden des jungen Werthers*）轟動文壇，旋即獲得薩克森—威瑪—艾森納赫公爵卡爾·奧古斯特（Carl August von Sachsen-Weimar-Eisenach）的邀約，前往威瑪展開仕途，從此平步青雲，在政壇上愈來愈有話語權。在成功度過中年危機之後，歌德的創作也進入後世所謂的古典階段，不僅在德意志文壇享有至高的聲量，也幾乎決定了整個時代的文學走向，甚至對新生代作家的創作握有生殺大權；再加上不易親近的個性，讓他在世人眼中儼然就是一位「詩人親王」（Dichterfürst）。就連拿破崙在消滅神聖羅馬帝國之後都指名要召見歌德，相較於落荒而逃的普魯士國王腓特烈·威廉三世（Friedrich Wilhelm III.），能夠站在拿破崙面前英雄惜英雄的歌德，一舉成為德意志的燈塔，連他自己都承認那是他人生的巔峰。有趣的是，命運似乎也有意成就歌德的歷史地位，讓他有足夠的長壽見證大時代的變遷；整整八十三年的壽命，他看

2　德意志學院於 1945 年解散，並於 1951 年重組，即為現今的「歌德學院」（Goethe-Institut）。

過一個時代的消亡，也看過一個時代的興趣，經歷過無數的生命與潮起潮落（包括送走席勒與家人），也看透了世間萬物的常與無常。

面對大時代的劇烈變化，看著法國大革命的起落、拿破崙戰爭的摧殘、神聖羅馬帝國的瓦解、維也納會議之後的復辟，歌德彷彿用他的精神築起了獨立於這個時代的歌德世界。雖然德意志浪漫派的許萊格爾（Friedrich Schlegel）曾將歌德的小說《威廉‧麥斯特》（*Wilhelm Meister*）、法國大革命、以及費希特的《知識學》（*Wissenschaftslehre*）視為革命時代的開山之作，但是除了愛情引發的波瀾之外，歌德本人極度排斥陷入任何外在變動造成的漩渦。這種不動如山的態度一方面是他的反動性格使然，一方面也來自他不斷追求的境界：無論是效法古典精神彰顯出「高貴的質樸、寧靜的偉大」[3]，還是透過自然科學從疏相追尋共相，都可以看到歌德把視角聚焦在結構與本質上面，不會輕易受到現象的引動。

當然，這樣的性格也反映在歌德留下的語錄裡面。歌德的文字宛如是他的智慧結晶，有些來自日常生活，有些來自他的創作，而且長久以來——第一本語錄《箴

---

3 原文為 edle Einfalt und stille Größe，語出德意志古希臘羅馬專家溫克爾曼（Johann Joachim Winckelmann, 1717-1768），他的著作對歌德具有決定性的影響。

言與反思》（*Maximen und Reflexionen*）在歌德去世的隔年就已經出版上市——，這些包羅萬象的箴言就被視為德意志世界的精神指標。讀者眼前的這個版本原為維也納出版商舒苡曼（Walther Scheumann）在 1936 年化名蒂克（Heinrich Tieck）出版的歌德語錄。根據德意志國家讀書館的資料，這本小書不只銷量驚人，而且歷久不衰，在 1965 年的時候就已經來到第三十一版，等於陪著德意志走過黑暗的納粹時代、走過看不見希望的戰爭、然後再走過艱難的戰後重建。

　　正因為歌德的不動如山的姿態，納粹政權幾乎沒辦法在他身上進行太多意識形態的操作，所以這本書才得以成為當時副標題說的：〈一本充滿安慰、喜悅、愛情、激情和幸運的書〉，也才得以真的成為眾多生靈在苦難中的安慰。2003 年，德國出版社又再次將這本往昔的暢銷書重新出版，並且重新給這本書一個新的副標題：〈唯有自然才偉大〉。這個副標題來自書中其中一句箴言，不僅言簡易賅地傳達出歌德以自然為本質的中心思想，同時也是歌德看破人間諸相的依歸。也許可以借用歌德評論溫克爾曼的說法：讀完歌德語錄，「不會學到任何東西，但是會成為某種樣子。」在眼下這個同樣是風起雲湧的大時代，願大家都能在閱讀的過程中找到平靜安穩的自己。

目 錄
Inhalt

活在內心深處

Vom Wohnen in sich selbst

我之所以終究最喜愛與自然打交道，是因為自然永遠是對的，而錯誤只能屬於我人為的這邊。與人打交道時，他們會犯錯，我也會，哪怕一錯再錯一直錯下去，沒完沒了。若一切能有所了結，也是因為我將自己置身於自然中。

> Warum ich zuletzt am liebsten mit der Natur verkehre, ist, weil sie immer recht hat und der Irrtum bloß auf meiner Seite sein kann. Verhandle ich hingegen mit Menschen, so irren sie, dann ich, auch sie wieder und immer so fort, da kommt nichts aufs reine; weiß ich mich aber in die Natur zu schicken, so ist alles getan.

最美好的事，即心底深處的平靜，我在那兒，逆著世俗生活、茁壯，並獲得那些刀劍槍砲拿也拿不走的東西。

> Das Beste ist die tiefe Stille, in der ich gegen die Welt lebe und wachse und gewinne, was sie mir mit Feuer und Schwert nicht nehmen kann.

世上沒有可追念的過去，只有無盡的新鮮事，形塑自過去所延伸的因素，真正的念想必須有助於創造更美好的事物。

> Es gibt kein Vergangenes, das man zurücksehnen dürfte, es gibt nur ein ewig Neues, das sich aus den erweiterten Elementen des Vergangenen gestaltet, und die echte Sehnsucht muß stets produktiv sein, ein neues Besseres erschaffen.

在這世上，我已做了無數嘗試，總得到一樣的結論：習慣，是人們絕無僅有的安樂鄉；就連令人不悅的種種，一旦習慣了就不願失去。

> Ich habe viel in der Welt versucht und immer dasselbe gefunden: in der Gewohnheit ruht das einzige Behagen des Menschen; selbst das Unangenehme, woran wir uns gewöhnten, vermissen wir ungern.

幸與不幸在生活中接連交織，一如睡著和醒來，沒我就沒他，有我就有他。所以，世上的喜悅，都只是暫時借來的。

> Glück und Unglück ist im Leben ineinandergekettet wie Schlaf und Wachen, keines ohne das andere und eins um des andern willen, daß alle Freude in der Welt nur geborgt ist.

我習慣了，任憑命運的牽引，我不再感受到內心的狂躁不安，只是有時候，憂慮的夢會悄然潛入，這些夢從不關乎生命的整體，而是因零星小事而起，也總歸會消逝的。

> Ich bin gewohnt, mich vom Schicksal leiten zu lassen, daß ich gar keine Hast mehr in mir spüre, nur manchmal dämmern leise Träume von Sorglichkeit wieder auf, nie übers Ganze, sondern über einzelne kleine Fälle, die werden aber auch schwinden.

是什麼讓時間變短了？
忙活。
是什麼讓時間漫長不耐？
閒散。
是什麼帶來罪責？
等待和忍耐。
是什麼能帶來收穫？
不要想太多。
是什麼能帶來榮耀？
反擊。

Was verkürzt mir die Zeit?
Tätigkeit!
Was macht sie unerträglich lang?
Müßiggang!
Was bringt in Schulden?
Harren und Dulden!
Was macht Gewinnen?
Nicht lange besinnen.
Was bringt zu Ehren?
Sich wehren.

一切宛如餽贈。

Alles ist als wie geschenkt.

有好些事，我們永遠無法完全理解，因此我常對自己說：
關於有些事，我只能和上帝談。

Über viele Dinge können wir uns nie ganz
verständlich machen, und ich sage daher oft zu mir:
darüber und darüber kann ich nur mit Gott reden.

對於很多事情，我情願保持靜默，因為我不願誤導人，而且如果他們在我憤怒時，仍在一旁態度和悅，我大概也會心滿意足。

> Ich schweige zu vielem still; denn ich mag die Menschen nicht irremachen und bin wohl zufrieden, wenn sie sich freuen da, wo ich mich ärgere.

最大的喜樂，即是住在自己心裡。

> Die beste Freude ist das Wohnen in sich selbst.

每天只做必要的事，除此之外無他，不論順境與逆境。

> Tue nur jeden Tag das Nötige; weiter bleibt uns in guten und bösen Zeiten nichts übrig.

從簡自救！然後：要知道該如何把自己安頓下來。

> Sich ins Einfache retten! Und: Man muß sich einzurichten wissen!

要是人感受到自己需要的東西其實不多，就不會有那麼多需要，且會更珍惜所有。

> Wie wenig der Mensch bedarf und wie lieb es ihm wird, wenn er fühlt, wie sehr er das Wenige bedarf.

命運賦予我們願望，但以他自己的方式，以便能夠給予我們和心願有關的一些指示。

> Das Schicksal gewährt uns unsere Wünsche, aber auf seine Weise, um uns etwas über unsere Wünsche geben zu können.

汝欲擾此寧靜的喜悅嗎？
讓我獨自伴著我這杯酒吧！
與他人共處可以互相學習，
而振奮精神只能獨自來。

> Die stille Freude wollt ihr stören?
> Laßt mich bei meinem Becher Wein;
> mit andern kann man sich belehren,
> begeistert wird man nur allein.

適度享受盈滿與祝福；

當你享樂人生時，

願理智能如影隨行，

使生活恰如其份地喜悅

如此一來，過去是持續延伸的，

未來活現眼前，

瞬間即成永恆。

> Genieße mäßige Füll und Segen;
> Vernunft sei überall zugegen,
> wo Leben sich des Lebens freut.
> Dann ist Vergangenheit beständig,
> das Künftige voraus lebendig –
> der Augenblick ist Ewigkeit.

每日應聽曲一首，吟詩賞畫，然後，若行有餘力，說幾句好話。

> Man sollte alle Tage wenigstens ein kleines Lied hören, ein gutes Gedicht lesen, ein treffliches Gemälde sehen und, wenn es möglich zu machen wäre, einige vernünftige Worte sprechen.

我所感興趣的事物中，唯有機敏的論點和明智之人，得我重視。剩下的，就隨他們滾邊去吧。

> Ich halte mir in den Dingen, die mich interessieren,
> lichte Punkte und lichte Menschen fest,
> das übrige mag quirlen wie es will und kann.

若是人類健康的天性能獲得全然的發揮；而人生在世能感悟到，自己屬於一個偉大、美好、可敬、有價值的整體；若和諧愜意，就能其樂融融。寰宇若有感知，便可歡天喜地，慶祝其成，讚嘆自己登峰造極的成就與本事。不然，太陽、眾行星，還有月亮，點點星辰、流瀉的銀河、彗星與星雲，從既有到未有的世界，這些天道運作的功德豈不落空？如果最終沒有一個快樂的人享受祂的存在？

> Wenn die gesunde Natur des Menschen als ein
> Ganzes wirkt, wenn er sich in der Welt als in einem
> großen, schönen, würdigen und werten Ganzen
> fühlt, wenn das harmonische Behagen ihm ein reines
> freies Entzücken gewährt, dann würde das Weltall,
> wenn es sich selbst empfinden könnte, als an sein
> Ziel gelangt aufjauchzen und den Gipfel des eigenen
> Werdens und Wesens bewundern. Denn wozu
> dient all der Aufwand von Sonnen und Planeten
> und Monden, von Sternen und Milchstraßen, von

> Kometen und Nebelflecken, von gewordenen und
> werdenden Welten, wenn sich nicht zuletzt ein
> glücklicher Mensch seines Daseins erfreut?

唯有我們未受教育的那一面，方能讓我們感到快樂，所
幸每個人都有這樣的一面。

> Nur die ungebildete Seite an uns ist es, von der her
> wir glücklich sind. Jeder Mensch hat so eine.

生命的適得其所，全仰賴外在事物規律的回歸。晝夜、
四季的輪替，開花結果，還有時代更迭，此即凡俗人生
前進的驅力，我們應當，且能夠享受其中。越是能以開
闊的心情面對這些更易，我們就越能感受到快樂；任事
物的反復無常，在我們面前翻湧。若是不參涉其中，對
這慷慨的饋贈無感，接著就輪到最令人厭惡之事、最難
捱的病痛登場：人生就會被視為令人作嘔的負擔。

> Alles Behagen am Leben ist auf eine regelmäßige
> Wiederkehr der äußeren Dinge gegründet. Der
> Wechsel von Tag und Nacht, der Jahreszeiten, der
> Blüten und Früchte, und was uns sonst von Epoche

> zu Epoche entgegentritt, damit wir es genießen
> können und sollen, diese sind die eigentlichen
> Triebfedern des irdischen Lebens. Je offener wir
> für diese Genüsse sind, desto glücklicher fühlen
> wir uns; wälzt sich aber die Verschiedenheit der
> Erscheinungen vor uns auf und nieder, ohne daß
> wir daran teilnehmen, sind wir gegen so holde
> Anerbietungen unempfänglich, dann tritt das größte
> Übel, die schwerste Krankheit ein: man betrachtet
> das Leben als eine ekelhafte Last.

給予他人的肯定，會化為成就感回到我們身上，這樣的
心情令人安適。

> Was wir an andern billigen, versetzt uns selbst in
> eine produktive Stimmung, und diese wirkt immer
> wohltätig.

在生機盎然的自然中，沒有一樣不是與整體萬物息息相
關，假使我們體驗到一切都是各自孤立、互不相干，假
使我們嘗試將其視為單一獨立的事實看待，那並非意指
世界萬物都是獨立、無涉，問題只在於：我們該如何找
到與這些現象、事件的關聯？

> In der lebendigen Natur geschieht nichts, was nicht in einer Verbindung mit dem Ganzen stehe, und wenn uns die Erfahrungen nur isoliert erscheinen, wenn wir die Versuche nur als isolierte Fakta anzusehen haben, so wird dadurch nicht gesagt, daß sie isoliert seien, es ist nur die Frage: wie finden wir die Verbindung dieser Phänomene, dieser Begebenheiten?

心靈就算只是安靜地在場，也能深刻地影響另一個心靈。

> Eine Seele kann auf die andere durch bloße stille Gegenwart entschieden einwirken.

我們見過花朵凋零、落葉蕭索的樣子，我們也見過結實累累、披滿蓓蕾的扶疏，生命屬於生活的人，只要活著，必遭逢變化。

> Man sieht die Blumen welken und die Blätter fallen, aber man sieht auch Früchte reifen und neue Knospen keimen. Das Leben gehört den Lebendigen an, und wer lebt, muß auf Wechsel gefaßt sein.

我們喚不回已逝的時刻，讓我們盤點所留下來的、所變成的生命，善用之、享受之，就在夜幕降臨前。

> Wir rufen keine Stunde zurück; laßt uns zusammennehmen, was geblieben, was geworden ist, und nutzen und genießen, eh der Abend kommt.

清晨我踏著日出外出，往瓦爾海姆[1]方向走，在客棧花園裡親手採摘青豆莢，然後坐下歇腳，一面撥豆莢，一面讀著我的荷馬，接著到小廚房裡給自己挑個小鍋，切塊奶油，把豆莢放到爐上翻炒，蓋上蓋子悶一會兒，坐在一旁等候，偶而動手晃一晃鍋子。頃刻間，我真切的感受到，珮涅洛珮放縱的饗宴裡[2]，如何殺牛宰豬，割解烹炸。這些畫面，在我的內心充盈著寧靜而真切的感受，不為其他，只因這樣凡俗生活的種種——謝天謝地——能毫不矯情作態地與我的生活交織。如此美妙！當農夫把他親手耕種的白菜端上桌時，我的心感受到，他單純無害的喜悅。不只是白菜，還有他日日辛勤耕作

1　查無此地。歌德在《少年維特的煩惱》裡虛構的城市名稱，德文字面上的意思是「選擇的家鄉」。（以下皆為譯注）

2　珮涅洛珮是荷馬的《奧德修斯》裡的人物，奧德修斯之妻。由於丈夫長年在外征戰，獨守空閨的珮涅洛珮身邊始終不乏追求者，這些求婚者常在奧德修斯家宴飲，揮霍其財，迫使珮涅洛珮再婚。

的清晨，每個灑水澆灌的恬靜夜晚，還有歲豐年稔的喜
悅，這一切，我都一併享用。

Wenn ich des Morgens mit Sonnenaufgange
hinausgehe nach meinem Wahlheim und dort im
Wirtsgarten mir meine Zuckererbsen selbst pflücke,
mich hinsetze, sie abfädne und dazwischen in
meinem Homer lese; wenn ich dann in der kleinen
Küche mir einen Topf wähle, mir Butter aussteche,
Schoten ans Feuer stelle, zudecke und mich dazu
setze, sie manchmal umzuschütteln:
da fühl ich so lebhaft, wie die übermütigen Freier
der Penelope Ochsen und Schweine schlachten,
zerlegen und braten. Es ist nichts, das mich so mit
einer stillen, wahren Empfindung ausfüllte, als die
Züge patriarchalischen Lebens, die ich Gott sei
Dank ohne Affektation in meine Lebensart verweben
kann. Wie wohl ist mir's, daß mein Herz die simple
harmlose Wonne des Menschen fühlen kann, der
ein Krauthaupt auf seinen Tisch bringt, das er selbst
gezogen, und nun nicht den Kohl allein, sondern
all die guten Tage, den schönen Morgen, da er ihn
pflanzte, die lieblichen Abende, da er ihn begoß
und da er an dem fortschreitenden Wachstum seine
Freude hatte, alle in einem Augenblicke wieder
mitgenießt.

大自然整體有如一曲旋律，深沉的和諧自在其中。

Die ganze Natur ist eine Melodie, in der eine tiefe
Harmonie verbogen ist.

敵人與朋友

Feinde und Freunde

你何必對敵人心懷怨懟？
反正這些打從心底
譴責你的存在的人，
怎麼可能變成你的朋友？

> Was klagst du über Feinde?
> Sollten solche je werden Freunde,
> denen das Wesen, wie du bist,
> im stillen ein ewiger Vorwurf ist?

首先來談談那些因愚昧而與我作對的人，那是一些根本不懂我的人，還有那些，明明不認識我卻教訓我的人。這幫人給我的生活帶來了多少無聊沉悶的時刻，但對他們，我應該原諒，畢竟連他們都不知自己在做什麼。

其次，是好些嫉妒我的群眾，這些人見不得我的好運，以及我自憑本事獲取的可敬地位，他們毀壞我的名聲，恨不得我消失，非得見到我憂傷、淒慘，方能罷休。

此外，還有一大票人，只因自己缺乏成就，便與我相對。其中也不乏有天賦之人，但他們就是無法原諒我讓他們相形見絀。

第四，是那些真的有理由與我作對的人。生而為人，我也擁有那些人性的缺陷和弱點，我的書寫當然也不例外。但由於我孜孜不倦的精進，為了進步而努力不懈，

不斷卓越。所以說呢，那些為他們所詬病的缺點，我早提前改正。這些好傢伙，鮮能傷我。畢竟他們朝我開戰時，我早遠在幾哩外了。

Zuerst nenne ich meine Gegner aus Dummheit; es sind solche, die mich nicht verstanden und die mich tadelten, ohne mich zu kennen. Diese ansehnliche Masse hat mir in meinem Leben viele Langeweile gemacht; doch es soll ihnen verziehen sein, denn sie wußten nicht, was sie taten.

Eine zweite große Menge bilden sodann meine Neider. Diese Leute gönnen mir das Glück und die ehrenvolle Stellung nicht, die ich durch mein Talent mir erworben. Sie zerren an meinem Ruhm und hätten mich gern vernichtet. Wäre ich unglücklich und elend, so würden sie aufhören.

Ferner kommt eine große Anzahl derer, die aus Mangel an eigenem Sukzeß meine Gegner geworden. Es sind begabte Talente darunter, allein sie können mir nicht verzeihen, daß ich sie verdunkele.

Viertens nenne ich meine Gegner aus Gründen. Denn da ich ein Mensch bin und als solcher menschliche Fehler und Schwächen habe, so können auch meine Schriften davon nicht frei sein. Da es mir aber mit meiner Bildung ernst war und ich an meiner Veredelung unablässig arbeitete, so war ich im beständigen Fortstreben begriffen, und es ereignete sich oft, daß sie mich wegen eines Fehlers tadelten, den ich längst abgelegt hatte. Diese Guten

> haben mich am wenigsten verletzt; sie schossen nach
> mir, wenn ich schon meilenweit von ihnen entfernt
> war.

深刻且認真思考之人,在公眾面前屈居下風。

> Tief und ernstlich denkende Menschen haben gegen
> das Publikum einen bösen Stand.

我不能被說服,
不要在我面前貶低魔鬼,
一個讓所有人恨之入骨的人,
肯定有點什麼!

> Ich kann mich nicht bereden lassen,
> macht mir den Teufel nur nicht klein:
> ein Kerl, den alle Menschen hassen,
> der muß was sein!

只要有勇氣說出自己的想法,別受干擾!
聽到的人,自然會心生懷疑,
而懷疑的氣息,將使虛妄遁逃。

你不會相信，話語的力量常能帶來影響。

> Hab nur den Mut, die Meinung frei zu sagen und ungestört!
> Es wird den Zweifel in die Seele tragen dem, der es hört,
> Und vor der Luft des Zweifels flieht der Wahn.
> Du glaubst nicht, was ein Wort oft wirken kann.

不該讓自己的權利被侵奪。

> Mann soll sich sein Recht nicht nehmen lassen.

這世界好似只為了粗魯、自大之人存在，而沉靜、理性之人只得祈求上帝，賜予他們一方立足之地。

> Es ist, als wenn die Welt nur für die Groben und Anmaßenden da wäre, und die Ruhigen und Vernünftigen sich nur ein Plätzchen um Gottes willen erbitten müßten.

要是覺得正義與你同在，就該果敢地站出來，謙卑有禮的正義，毫無意義。

Wer das Recht auf seiner Seite fühlt, muß derb
auftreten: ein höfliches Recht will gar nichts heißen.

「有點禮貌！」──禮貌？對這幫人？
絲綢是織不出麻袋的。

»So sei doch höflich!« – Höflich mit dem Pack?
Mit Seide näht man keinen groben Sack.

表現得快活又自在，
鄰居馬上就要他好看；
有才幹之人只要活著，還能行動，
鄰人便想要對他丟石頭；
要是這樣的人死了，
鄰人隨即大肆募款，
為他生前困境致意，
並豎立紀念碑。

Befindet sich einer heiter und gut,
gleich will ihn der Nachbar peingen;
solange der Tüchtige lebt und tut,
möchten sie ihn gern steingen.
Ist er hinterher aber tot,

> gleich sammeln sie große Spenden,
> zu Ehren seiner Lebensnot
> ein Denkmal zu vollenden.

最終的關鍵在於，誰能堅持下去，且能忍受他人。靠自身的存在而扭轉乾坤的例子，世上不也存在不少？

> Es kommt doch am Ende darauf an, daß man
> aushält und die andern ausdauert. Wieviel Fälle
> sind nicht möglich, das sich das Geschick unserer
> Existenz ins Bessere verändern kann.

一振翅——幾世紀都被我們甩在後頭。

> Ein Flügelschlag – und hinter uns Äonen!

欲使意見相左之人，同心同德，終究是徒勞。和諧終歸再度分裂。

> Mit eigentlich Widergesinnten versucht man
> umsonst, Einigkeit zu halten, es bricht immer
> wieder einmal auseinander.

若有一名君子冒犯了你，
要裝作毫不計較，
他必將此記入他的債簿，
他也不會欠你太久的。

> Wenn ein Edler gegen dich fehlt,
> so tu, als hättest du's nicht gezählt;
> er wird es in sein Schuldbuch schreiben
> und dir nicht lange im Debet bleiben.

你愛怎麼崩潰就怎麼崩潰，
但別拿你的不幸去煩人，
你要是對朋友抱怨一回，
他馬上會十倍奉還！

> Trage dein Übel, wie du magst,
> klage niemand dein Mißgeschick;
> wie du dem Freunde *ein* Unglück klagst,
> gibt er dir gleich ein Dutzend zurück!

快樂不要表現太張揚，這樣別人才不會見不得你好。

> Zeige dich nicht allzu behäglich, damit man dir
> dein Glück nicht übelnimmt.

如果有人稱讚我，我不該沾沾自喜地接受這些虛情假意，因為人們之所以這麼做，是期待我會說一句自謙的話，像是沮喪地坦承，我的人格同我地作品一樣毫無價值。但這樣的行為與我的本性相悖，要是如此惺惺作態地說謊，我還真成了個不要臉的混蛋。正因為我足夠強大，方得與人展現我真實的感受，這讓我感到驕傲，直至今日。

Lobte man mich, so sollte ich das nicht in freudigem Selbstgefühl als einen schuldigen Tribut hinnehmen, sondern man erwartete von mir irgendeine ablehnende bescheidene Phrase, worin ich demütig den völligen Unwert meiner Person und meines Werkes an den Tag lege. Das aber widerstrebte meiner Natur, und ich hätte müssen ein elender Lump sein, wenn ich so hätte heucheln und lügen wollen.Da ich nun aber stark genug war, mich in ganzer Wahrheit so zu zeigen, wie ich fühlte, so galt ich für stolz und gelte noch so bis auf den heutigen Tag.

逐漸地，痛苦之於我有如壁爐火焰一般尋常，但我不會停止思考，不會停止和陌生的天使角力，就算會閃到腰。沒人知道，我在做什麼，我要與多少敵人抗衡，才能拿出這點東西。在我積極奮鬥、努力時，我求求祢們

了！別嘲笑我呀，在天上看著的眾神們。祢們大可以站在一旁微笑並協助我！

> Das Elend wird mir nach und nach so prosaisch wie ein Kaminfeuer. Aber ich lasse doch nicht ab von meinen Gedanken und ringe mit dem unerkannten Engel, sollt ich mir die Hüfte ausrenken. Es weiß kein Mensch, was ich tue und mit wieviel Feinden ich kämpfe, um das wenige hervorzubringen. Bei meinem Streben und Streiten und Bemühen bitt ich euch, nicht zu lachen, zuschauende Götter. Allenfalls lächeln mögt ihr und mir beistehen!

我寧願吊死自己，也不願永遠在否定別人，不停針鋒相對唱反調，永遠盯著我的同儕與鄰居是否犯了什麼錯。

> Ich wollte mich doch lieber aufhängen, als ewig negieren, ewig in der Opposition sein, ewig schußfertig auf die Mängel und Gebrechen meiner Mitlebenden, Nächtslebenden lauern.

在陌生人面前，我們表現得體，
並察覺到，自己在討好、利益他人中
找尋自己的目的，並為人所用；

只有在朋友面前，才得以自由自在，

在愛中安穩，任由自己

訴諸衷腸，讓情感

放肆，於是我們最先傷害的，

卻是我們最珍愛的朋友。

> Mit fremden Menschen nimmt man sich zusammen,
> da merkt man auf, da sucht man seinen Zweck
> in ihrer Gunst, damit sie nutzen sollen;
> allein bei Freunden läßt man frei sich gehen,
> man ruht in iherer Liebe, man erlaubt
> sich eine Laune, ungezähmter wirkt
> die Leidenschaft, und so verletzen wir
> am ersten die, die wir am zärtsten lieben.

一顆受傷的心，很難好起來。

> Ein gekränktes Herz erholt sich schwer.

不問是否對此完全同意，只問是否同心協力。

> Man frage nicht, ob man durchaus übereinstimmt,
> sondern ob man in *einem* Sinne verfährt.

每個人都有一個圈子，讓他以別人無法仿冒的方式去發揮，若這個圈子越小，他的力量就越集中。

> Jeder Mensch hat einen bestimmten Kreis, in welchem er auf eine unnachahmliche Weise wirken kann, je kleiner sein Reich, desto konzentrierter seine Kraft.

世上沒有比見到一個偉大的心靈對你敞開心胸，更純粹、溫暖的喜悅了！

> So eine wahre, warme Freude ist nicht in der Welt, als eine große Seele zu sehen, die sich gegen einen öffnet!

他人與我

Die anderen und ich

要是我們始終謹慎，只以彼此相契合的那一面相處交友，對友人的其他面向無所求，友誼便能延續得長長久久。我們年輕時常犯這樣的錯，年老了之後，卻也改不了，去要求朋友同時成為「另一個我」，並與我們相融、合為一體，有好段時間自我欺騙，但這是無法長久的。

> Wenn wir immer vorsichtig genug wären und uns mit Freunden nur von einer Seite verbänden, von der sie wirklich mit uns harmonieren, und ihr übriges Wesen weiter nicht in Anspruch nähmen, so würden die Freundschaften weit dauerhafter und ununterbrochener sein. Gewöhnlich aber ist es ein Jugendfehler, den wir selbst im Alter nicht ablegen, daß wir verlangen, der Freund solle gleichsam ein anderes Ich sein, solle mit uns nur ein Ganzes ausmachen, worüber wir uns dann eine Zeitlang täuschen, das aber nicht lange dauern kann.

只要由衷地愛著一個人，其他的一切種種，也都會變得可愛起來。

> Man muß nur ein Wesen recht von Grund aus lieben, da kommen einem die übrigen alle liebenswürdig vor.

所有活蹦亂跳的生命，都像是上帝呵出來的真言。

> Jedes lebendige Wesen ist wie ein frisch aus-
> gesprochenes Gotteswort.

當最偉大的人落水，卻不懂泅泳時，是最貧苦的工人，
把他拉上岸。

> Wenn der Größte ins Wasser fällt und nicht
> schwimmen kann, zieht ihn der ärmste Hallore
> heraus.

培養和維繫友好關係，最穩當的方法，我想即是彼此相
互分享在做的事情，因為人們相聚集在一起，往往是透
過他們的行為活動，而不是透過他們的想法。

> Das sicherste Mittel, ein freundliches Verhältnis
> zu hegen und zu pflegen, finde ich darin, daß man
> sich wechselweise mitteile, was man tut; denn die
> Menschen treffen viel mehr zusammen in dem, was
> sie tun, als in dem, was sie denken.

受過教育的人和從事教育的人們，通常都會安安靜靜地
過日子。

> Gebildete Menschen und die auf Bildung anderer
> arbeiten, bringen ihr Leben ohne Geräusch zu.

上帝沒有賜予我這樣的藝術、這樣拙劣的藝術，去惺惺
作態。

> Ein Gott versagte mir die Kunst, die arme Kunst,
> mich künstlich zu betragen.

一個不自以為是的人，比自己想的還要偉大。

> Wer sich nicht zu viel dünkt, ist viel mehr, als er
> glaubt.

如果只以人們本來的模樣，對待他們，只會使人退步；
如果以他們應當成為的樣子對待他們，則可以將人引
向，他們該去的地方。

> Wenn wir die Menschen nur nehmen wie sie sind, so machen wir sie schlechter; wenn wir sie behandeln, als wären sie, was sie sein sollten, so bringen wir sie dahin, wohin sie zu bringen sind.

從本質上來說，我們不會有什麼錯誤，是無法走向美德的，也不會有什麼美德，是不會造成過錯的。

> Von Natur besitzen wir keinen Fehler, der nicht zur Tugend, keine Tugend, die nicht zum Fehler werden könnte.

不懂感恩是懦弱的表現。我從來沒看過英勇卻不知感恩的人。

> Der Undank ist immer eine Art Schwäche. Ich habe nie gesehen, daß tüchtige Menschen wären undankbar gewesen.

遇到那個欠我們一句謝謝的人，我們通常馬上就會想起來。但很多時候，我們可能遇上了我們還欠他一句道謝的人，卻想不起來。

> Begegnet uns jemand, der uns Dank schuldig ist, gleich fällt es uns ein. Wie oft können wir jemand begegnen, dem wir Dank schuldig sind, ohne daran zu denken.

人將變得樂善好施，若他們有眼睛能看見，一張接收饋贈的手能形成多美的畫面。

> Man würde viel Almosen geben, wenn man Augen hätte zu sehen, was eine empfangende Hand für ein schönes Bild macht.

袋口緊扣的人啊，
沒人會平白無故對你好。
手只能用手洗淨，[1]
若要獲得，就要給予。

> Mann mit zugeknöpften Taschen,
> dir tut niemand was zulieb;
> Hand wird nur von Hand gewaschen;
> wenn du nehmen willst, so gib!

1　古希臘諺語，指「你幫我，我幫你」。

步出一個聚會場合，

一位學者默默地走回家，

有人問：「您感覺如何，可還滿意？」——

「如果他們是書，」他答「我也不會去讀。」

> Aus einer großen Gesellschaft heraus
> ging einst ein stiller Gelehrter zu Haus.
> Man fragte: »Wie seid Ihr zufrieden gewesen?« –
> »Wären's Bücher«, sagt' er, »ich würd sie nicht lesen.«

我強烈建議，不要浪費時間在那些不是你們可以歸屬的人，或是不歸屬於你們的人。

> Ich rate euch angelegentlich, keine Stunde mit Menschen zu verlieren, zu denen ihr nicht gehört oder die nicht zu euch gehören.

人不能為所有人而活，尤其是那些，不願與他一起生活的人。

> Man kann nicht für jedermann leben, besonders für die nicht, mit denen man nicht leben möchte.

假如我在社會上遇到了一些頭腦簡單或愚蠢的人，我會把他們想像成是基於聰明才智使然，如此一來，我會將他們提升到了我的高度，而且強迫他們思想開竅；反之，遇上了自以為比其他人更有點什麼或懂更多的人，我則會用相反的態度對待，藉此使他羞赧，讓他不要用鼻孔看人。

Vermute ich in der Gesellschaft einfältige oder dumme Leute, so stelle ich mir vor, daß es lauter geistreiche seien, dann erhebe ich sie zu mir und zwinge sie, auch ihren Geist leuchten zu lassen; und umgekehrt, wenn ich zu jemandem komme, der sich einbildet, mehr zu sein und zu wissen als andere Menschenkinder, dann denke ich mir das Gegenteil und behandle ihn auch so, indem ich ihn beschäme und nötige, seine Nase nicht mehr so hoch zu tragen.

該想法子讓人們改掉這種不請自來、打擾人的習慣，不然成天要聽這些別的、陌生的想法！

Man muß den Leuten abgewöhnen, einen unangemeldet zu überfallen, man bekommt doch immer andre, fremde Gedanken!

有一種發自內心的禮，近似於愛。這樣的禮，孕育出最宜人的舉止。

> Es gibt eine Höflichkeit des Herzens; sie ist der Liebe verwandt. Aus ihr entspringt die bequemste Höflichkeit des äußern Betragens.

謙遜是一種社交美德；它意味著高度的教養，表面上的自我否定，實則基於偉大的內在價值，得以被視為人性最高貴的特質。

> Bescheidenheit ist eigentlich eine gesellige Tugend; sie deutet auf große Ausbildung, sie ist eine Selbst-verleugnung nach außen, welche, auf einem großen inneren Werte ruhend, als die höchste Eigenschaft des Menschen angesehen wird.

人們應該大為驚嘆，還有人仍保有些許美德。畢竟做錯事是理所當然的。

> Die Menschen sollten nur bewundern, daß ein Mensch noch Tugenden hat. Die Fehler verstehen sich von selbst.

每個人都受制於自身的習慣。

> Ein jeder Mensch wird von seinen Gewohnheiten regiert.

有人靠近，別推開他；有人離去，別挽留他；有人回來，接受他吧，好似他從未離開過。

> Wer sich nähert, den stoßt nicht zurück, und wer sich entfernt, den haltet nicht auf, und wer wiederkommt, den nehmt auf, als wenn er nicht weggewesen wäre.

所有發生的事，都是象徵，以完整地呈現自身，並指向其他事物。這個觀點對我來說既是目中無人的高傲，又是虛懷若谷的謙遜。

> Alles was geschieht ist Symbol, und, indem es vollkommen sich selbst darstellt, deutet es auf das übrige. In dieser Betrachtung scheint mir die höchste Anmaßung und die höchste Bescheidenheit zu liegen.

行善，無須深思。

> Um Gutes zu tun, braucht's keiner Überlegung.

幫助要來得及時，否則跟沒幫一樣。

> Wer nicht im Augenblick hilft, scheint mir nie zu helfen.

我總將人視為一種只為自身存在的獨立個體，我研究人們特質並試著理解其絕無僅有之處，但不至予以同情。這樣的心態讓我得以面面俱到。也讓我對多面的性格，以及適應生活所需的彈性，有所認識。正因為人格特質相牴觸時，得透過調適，與之共處，而這樣的過程，能激發人格的不同面向的發展與成熟。所以我很快便能應付每個對手。

> Ich habe einen Menschen immer nur als ein für sich bestehendes Individuum angesehen, das ich zu erforschen und das ich in seiner Eigentümlichkeit kennenzulernen trachtete, wovon ich aber durchaus keine weitere Sympathie verlangte. Dadurch habe ich es nun dahin gebracht, mit jedem Menschen umgehen zu können, und dadurch allein entsteht

die Kenntnis mannigfaltiger Charaktere, sowie die nötige Gewandtheit im Leben. Denn gerade bei widerstrebenden Naturen muß man sich zusammennehmen, um mit ihnen durchzukommen, und dadurch werden alle die verschiedenen Seiten in uns angeregt und zur Entwicklung und Ausbildung gebracht, so daß man sich denn bald jedem Vis-à-vis gewachsen fühlt.

就連相處在一起，也有春夏秋冬，一個季節接續著其他季節而來。

Auch das Zusammensein hat seine Jahreszeiten, deren eine sich aus den andern entwickelt.

從前的老朋友真是不必再相見，既然已無法互相理解。每個人都操著不同的語言。重視自我價值的人，也該對此有所提防，因為顯而易見的不和睦，屆時只會惹人煩，友誼純真的過往，則會逐漸模糊。

Alte Freunde muß man nicht wiedersehen, man versteht sich nicht mehr mit ihnen, jeder hat eine andere Sprache bekommen. Wem es Ernst um seine innere Kultur ist, hüte sich davor; denn der alsdann

> hervortretende Mißklang kann nur störend auf uns einwirken, und man trübt sich das reine Bild des frühern Verhältnisses.

有誰不是這樣呢？每天意識到，已逝的時光、關係、情感、活動，再也喚不回來？

> Wer muß sich nicht jeden Tag bekennen, daß vergangene Zeiten, Verhältnisse, Gefühle, Tätigkeiten nicht wieder zurückzurufen sind?

我們應該少說話，多作畫。我自己呢，還想要改掉說話的習慣，如大自然般，用壯麗的圖景說話。那棵無花果樹，這條小蛇，在窗邊靜靜等待未來的蟲蛹，一切無非皆是蘊含意義的徵兆；是啊，想了解其中的意涵，就該馬上擺脫所寫、所說的一切。我越是去想，越是覺得語言是如此的無用、如此毫無意義，但要是面對巍峨獨立的岩壁時，或站在古老山峰的荒野上時，大自然的肅穆與靜默令人震驚，讓我差點要蹦出一句什麼話來。

Wir sollten weiniger sprechen und mehr zeichnen. Ich meinerseits möchte mir das Reden ganz abgewöhnen und wie die bildende Natur in lauter Zeichnungen fortsprechen. Jener Feigenbaum, diese kleine Schlange, der Kokon, der dort vor dem Fenster liegt und seine Zukunft ruhig erwartet, alles das sind inhaltsschwere Signaturen; ja, wer nur ihre Bedeutung recht zu entziffern vermöchte, der würde alles Geschriebene und alles Gesprochene bald zu entbehren imstande sein! Je mehr ich darüber nachdenke, es ist etwas so Unnützes, so Müßiges, ich möchte fast sagen Geckenhaftes im Reden, daß man vor dem stillen Ernste der Natur und ihrem Schweigen erschrickt, sobald man sich vor einer einsamen Felsenwand oder in der Einöde eines alten Berges gesammelt entgegenstellt.

人類都見鬼去吧！
既然情願癲狂放肆！
正因如此，我決意：
不再見任何人，
願人們把上帝，連同自己
全部交與魔鬼！
但只消讓我看到一張人的面孔，
我又再一次愛上人類。

> Der Teufel hol das Menschengeschlecht!
> Man möchte rasend werden!
> Da nehm ich mir so eifrig vor:
> will niemand weiter sehen,
> will all das Volk Gott und sich selbst
> und dem Teufel überlassen!
> und kaum seh ich ein Menschengesicht,
> so hab ich's wieder lieb.

生命難道還不夠短暫、不夠乏味嗎？一起走在這條路上的人，難道不該互相接觸與扶持嗎？

> Ist nicht das Leben kurz und öde genug? Sollen die
> sich nicht anfassen, deren Weg miteinander geht?

願人高尚、
好施且良善！
因為光是如此
便使人類不同於
其他所知的
存在。
向未可知的、更崇高的存在，
致意！

願人能如祢一般，
願祢的典範教會我們
祢的信念。

Edel sei der Mensch,
hilfreich und gut!
Denn das allein
unterscheidet ihn
von allen Wesen,
die wir kennen.
Heil den unbekannten
höhern Wesen,
die wir ahnen!
Ihnen gleiche der Mensch;
sein Beispiel lehr uns
jene glauben.

歌 德 的 安 慰

以愛生愛

Liebe aber erzeugt Liebe

淺嚐幾口愛情的滋味，辛勞的一生便無憾。

> Durch ein paar Züge aus dem Becher der Liebe hält
> die Natur für ein Leben voll Mühe schadlos.

我看見了你，柔情似水，
含情脈脈流向我，
我的心已屬於你，
每個呼吸只為你。
在你的臉上佇留，漾起
玫瑰春色，
還有對我的柔情——天啊！
這就是我所期望的，我配不上！

別離是多麼的壓抑、苦悶！
你的眼神裡表露你的心意。
你的親吻裡藏有多少愛意！
噢！多少幸福！多少痛苦！
你走了，我站在原地低著頭
我眼眶濕潤地望著你離去：
然而，被愛是何其有幸！
而去愛，天啊，又是何等幸福！

Ich sah dich, und die milde Freude
floß aus dem süßen Blick auf mich;
ganz war mein Herz an deiner Seite
und jeder Atemzug für dich.
Ein rosenfarbes Frühlingswetter
lag auf dem lieblichen Gesicht,
und Zärtlichkeit für mich – ihr Götter!
Ich hofft es, ich verdient es nicht!

Der Abschied wie bedrängt, wie trübe!
Aus deinen Blicken sprach dein Herz.
In deinen Küssen welche Liebe,
o welche Wonne, welcher Schmerz!
Du gingst, ich stund und sah zur Erden
und sah dir nach mit nassem Blick:
und doch, welch Glück, geliebt zu werden!
Und lieben, Götter, welch ein Glück!

只消見到你的臉龐一回，
只消望進你的眼眸一秒，
我的心就能擺脫一切折磨！

Seh' ich nur einmal dein Gesicht,
seh' dir ins Auge nur einmal.
frei wird mein Herz von aller Qual!

當然，我好像已經走得好遠、好遠，
遠到了世界盡頭，
如果偉大的星辰未曾牽引我，
把我的命運，與你的相繫，
讓我透過你，才得以認識我自己
我的思想、意志、希望和渴求
只為了奔向你、你的存在
我的生命攀附著你的生命。

Gewiß, ich wäre schon so ferne, ferne,
so weit die Welt nur offen liegt, gegangen,
bezängen mich nicht übermächtige Sterne,
die mein Geschick an deines angehangen,
daß ich in dir nun erst mich kennenlerne.
Mein Dichten, Trachten, Hoffen, und Verlangen
allein nach dir und deinem Wesen drängt,
mein Leben nur an deinem Leben hängt.

宛如沐浴在清晨微光
你縈繞著我閃耀，
春天，我的愛人！
你永遠的柔情，
帶著千百倍的蜜意，
湧上我心頭。

無上的感受、

無盡的美好呀！

讓我多想擁抱你，

在我懷裡！

> Wie im Morgenglanze
> du rings mich anglühst,
> Frühling, Geliebter!
> Mit tausendfacher Liebeswonne
> sich an mein Herz drängt
> deiner ewigen Wärme
> heilig Gefühl,
> unendliche Schöne!
> Daß ich dich fassen möchte
> in diesen Arm!

美好對其自身，向來說也說不清。

> Die Schönheit kann nie über sich selbst deutlich
> werden.

有時滿是快樂，

有時滿是痛苦，

有時滿是心事；

渴望

和焦慮是

懸在空氣中的折磨。

時而欣喜若狂，

時而悲痛欲絕；

唯有懂得去愛的靈魂，

才是幸福。

Freudvoll

und leidvoll,

gedankenvoll sein;

langen

und bangen

in schwebender Pein;

himmelhoch jauchzend,

zum Tode betrübt;

glücklich allein

ist die Seele, die liebt.

有如讓人飄飄然的甜美旋律，使人揚昇，用柔美的雲彩，拆散了我的煩惱和痛苦，對我來說，你的存在和愛就是如此。

Wie eine süße Melodie uns in die Höhe hebt,
unsern Sorgen und Schmerzen eine weiche Wolke
unterbaut, so ist mir dein Wesen und deine Liebe.

生命之冠冕，
心情七上八下，
是愛情，是你！

Krone des Lebens,
Glück ohne Ruh,
Liebe, bist du!

如此美好，
天地照耀！
陽光閃耀！
樂土歡笑！

花朵綻放
在枝枒上
萬籟有聲
灌木叢間

且歡且喜，
皆自肺腑。
大地呀！太陽呀！
幸福呀！興致呀！

愛情呀，愛情呀！
如黃金般璀璨，
如清晨的雲彩
遠在天邊！

你華麗地祝福著
清新的田野，
花草芬芳裡，
祝福全世界。

噢，女孩、女孩，
我是如此地愛你！
你的雙眼多迷人！
你是如此地愛我！

如同雲雀深愛著
啾唱與天空，
如同晨花愛著
空氣中的芬芳，

如同我愛你，
用滿腔熱血，
那些你給我的青春、

快樂和勇氣。

配上新的曲子
搖擺起舞。
願我永遠快樂
如同你愛我！

Wie herrlich leuchtet
mir die Natur!
Wie glänzt die Sonne!
Wie lacht die Flur!

Es dringen Blüten
aus jedem Zweig
und tausend Stimmen
aus dem Gesträuch

und Freud und Wonne
aus jeder Brust.
O Erd, o Sonne!
O Glück, o Lust!

O Lieben, o Liebe!
So golden schön,
wie Morgenwolken
auf jenen Höhn!

Du segnest herrlich
das frische Feld,

im Blütendampfe
die volle Welt.

O Mädchen, Mädchen,
wie lieb ich dich!
Wie blickt dein Auge!
Wie liebst du mich!

So liebt die Lerche
Gesang und Luft,
und Morgenblumen
den Himmelsduft,

wie ich dich liebe
mit warmem Blut,
die du mir Jugend
und Freud und Mut

zu neuen Liedern
und Tänzen gibst.
Sei ewig glücklich
wie du mich liebst!

當陽光灑落海面閃耀時，
我想到你；
當月光穿梭湧泉間閃爍時，
我想到你；

我看見你，

當遠方的道路上，塵土飛揚時，

或是在夜裡，

羊腸小徑裡，旅人瑟瑟發抖時。

我聽見你，

當波瀾湧濺的轟隆聲響起時，

寧靜的森林裡，萬籟俱寂時，

我側耳傾聽。

我就在你身側，不論你離得多遠

你我好近！

太陽西沉，星星就要照亮我

噢，多希望你在這兒！

Ich denke dein, wenn mir der Sonne Schimmer
vom Meere Strahlt;
ich denke dein, wenn sich des Mondes Flimmer
in Quellen malt.

Ich sehe dich, wenn auf dem fernen Wege
der Staube sich hebt;
in tiefer Nacht, wenn auf dem schmalen Stege
 der Wandrer bebt.

Ich höre dich, wenn dort mit dumpfem Rauschen

die Welle steigt.
Im stillen Haine geh ich oft zu lauschen,
wenn alles schweigt.

Ich bin bei dir, du seist auch noch so ferne,
du bist mir nah!
Die Sonne sinkt, bald leuchten mir die Sterne.
O wärst du da!

所有的書裡最神奇的一本

就是愛情之書；

這本書我讀得津津有味：

快樂，僅寥寥數頁，

有整整一卷，談痛苦；

一個章節，論分離。

再度相見！只不過是一個零散的

小節。好幾冊的苦悶，

加上註腳又更長了，

沒有盡頭，沒道理的苦悶。

Wunderlichstes Buch der Bücher
ist das Buch der Liebe;
aufmerksam hab ich's gelesen:
wenig Blätter Freuden,

ganze Hefte Leiden;
einen Abschnitt macht die Trennung.
Wiedersehn! ein klein Kapitel,
fragmentarisch. Bände Kummers,
mit Erklärungen verlängert,
endlos, ohne Maß...

愛情生在頃刻間，而純粹的動情，電光火石。但是誰會
一戀愛，就閃婚？愛情是理想，婚姻是現實，現實和理
想可不能混為一談。這種人生大事，應該要經過方方面
面的深思熟慮，還要花上好長時間，去判斷一段感情是
否，至少在大部分時間，適合彼此。

Eine Liebe kann wohl im Nu entstehen, und jede
echte Neigung muß irgend einmal gleich dem Blitze
plötzlich aufgeflammt sein, aber wer wird sich denn
gleich heiraten, wenn man liebt? Liebe ist etwas
Ideelles, Heiraten etwas Reelles, und nie verwechselt
man ungestraft das Ideelle mit dem Reellen. Solch
ein wichtiger Lebensschritt will allseitig überlegt
sein und längere Zeit hindurch, ob auch alle
individuellen Beziehungen, wenigstens die meisten,
zusammenpassen.

也許你曾背叛過我，

我就算有所察覺，也會任其發生；

但要是你膽敢在我面前坦白一切，

我一輩子都不會原諒你！

> Magst du einmal mich hintergehen,
> merk ich's, so laß ich's wohl geschehen;
> gestehst du mir's aber ins Gesicht,
> in meinem Leben verzeih ich's nicht.

一位年長的男子，因仍往少女閨房獻殷勤，而被控訴。「但這是唯一的方法，」他辯駁，「讓自己再年輕一次，又有誰不想要這樣呢？」

> Einem bejahrten Manne verdachte man, daß er sich
> noch um junge Frauenzimmer bemühte. »Es ist das
> einzige Mittel«, versetzte er, »sich zu verjüngen, und
> das will doch jedermann.«

在這個充滿變動的世界裡，註定恆常的婚姻關係，顯得笨拙又老實。我有個朋友主張，每段婚姻應該限長五年，因數字五是個優雅又神聖的奇數，而這樣的時間剛好可以善加認識彼此，生幾個孩子，鬧翻，然後最美好

的是再重新合好……起初的甜蜜時光是如此的幸福啊！至少會有兩三年的時光，如此匆匆逝去。這時也許其中有一位，會想要這段關係延長，於是隨著終止的期限越來越近，更加殷勤。至於原本無所謂的，好吧，甚至感到不滿的那位，又會因這些舉動妥協。於是時間的流逝被淡忘，一如在美妙的陪伴下被遺忘，五年的期限過了，才忽然發覺，婚姻的契約敢情已自動延長了。

> Beim Ehestande ist es nur diese entschiedene ewige Dauer zwischen so viel Beweglichem in der Welt, die etwas Ungeschicktes an sich trägt. Einer von meinen Freunden behauptete, eine jede Ehe solle nur auf fünf Jahre geschlossen werden. Es sei dies eine schöne ungrade heilige Zahl und ein solcher Zeitraum eben hinreichend, um sich kennenzulernen, einige Kinder heranzubringen, sich zu entzweien und, was das Schönste sei, sich wieder zu versöhnen...Wie glücklich würde die erste Zeit verstreichen! Zwei, drei Jahre wenigstens gingen vergnüglich hin. Dann würde doch wohl dem einen Teil daran gelegen sein, das Verhältnis länger dauern zu sehen, die Gefälligkeit würde wachsen, je mehr man sich dem Termin der Aufkündigung näherte. Der gleichgültige, ja selbst der unzufriedene Teil würde durch ein solches Betragen begütigt und eingenommen. Man vergäße, wie man in guter Gesellschaft die Stunden vergißt, daß die Zeit

> verfließe, und fände sich aufs angenehmste
> überrascht, wenn man nach verlaufenem Termin erst
> bemerkte, daß er schon stillschweigend verlängert
> sei.

每段分離都埋下一顆癲狂的種子，得小心翼翼地照料，
悉心培養和灌溉。

> In jeder großen Trennung liegt ein Keim von
> Wahnsinn; man muß sich hüten, ihn nachdenklich
> auszubrüten und zu pflegen.

要放棄一段慣性熟悉的關係，可有得受了；所有矛盾情
結，不滿、不情願、憤怒，都無法對抗它，是的，就連
輕蔑和仇恨，也都對它無可奈何。

> Es gehört viel dazu, ein gewohntes Verhältnis
> aufzuheben; es besteht gegen alles Widerwärtige;
> Mißvergnügen, Unwillen, Zorn vermögen nichts
> gegen dasselbe; ja es überdauert die Verachtung, den
> Haß.

婚姻不是終點，而是開始成熟的契機。

> Ehe ist nie ein Letztes, sondern Gelegenheit zum Reifwerden.

有些秘密，一旦被公開，仍必須以更多的欺瞞與沉默，
表示尊重……

> Gewissen Geheimnissen, und wenn sie offenbar
> wären, muß man durch Verhüllen und Schweigen
> Achtung erweisen...

相親相愛，此外再沒更好的事了。

> Es ist doch nichts besser, als wenn man sich liebt
> und zusammen ist.

佳人美言一句，可以讓君子走更遠。

> Ein edler Mann wird durch ein gutes Wort der
> Frauen weit geführt.

女人吝嗇點也無妨，奢靡浪費，多難看；慷慨大方是屬於男人的美德，而節儉則是女人的美德，天性自然向來如此，我們的判斷，也依循自然。

> Ein wenig Geiz schadet dem Weibe nichts, so übel sie die Verschwendung kleidet. Freigebigkeit ist eine Tugend, die dem Manne ziemt, und Festhalten ist die Tugend eines Weibes. So hat es die Natur gewollt, und unser Urteil wird im ganzen immer naturgemäß ausfallen.

有福之人，他的全世界，就在家屋裡。

> Glückselig der, dessen Welt innerhalb des Hauses ist!

世界是如此的廣闊美好，但感謝上蒼，
賜給我一方只屬於我的小花園，
再次帶我回家吧！為何園丁要出門遠行？
只有在他的小花園裡辛勤時，他才感到置身於光榮與幸福中。

> Weit und schön ist die Welt, doch o wie dank ich dem Himmel,

> daß ein Gärtchen beschränkt, zierlich mir eigen gehört.
> Bringet mich wieder nach Hause! was hat ein Gärtner zu reisen?
> Ehre bringt's ihm und Glück, wenn er sein Gärtchen besorgt.

我們在愛情中堅持到底,使之稀世珍貴而美好,如此一來,便能按我們的所思隨心所欲,不必顧及他人。

> Wir wollen in unserer Liebe verharren und immer knapper und besser einrichten, damit wir nach unsrer Sinnesweise leben können, ohne uns um andere zu bekümmern.

你我相距,宛如巴別塔[3]
若不能相愛相知。

> Das alles ist Trum zu Babel,
> wenn es die Liebe nicht vereint!

3　基督教傳說中,巴比倫人要建造一座通天塔,期望能透過高塔走向天堂。上帝為阻撓通天塔的建立,便使造塔工匠各自說著不同的語言,因而無法互相理解。

人生體悟

Lebenserkenntnis

根據永恆、尊貴的、
偉大的法則
我們必須完成
所有我們存在的
各個循環。

> Nach ewigen, ehrnen,
> großen Gesetzen
> müssen wir alle
> unseres Daseins
> Kreise vollenden.

你還想繼續逍遙盤桓？
瞧，美好就在不遠處。
只要學習抓住幸福，
幸福始終都在。

> Willst du immer weiter schweifen?
> Sieh, das Gute liegt so nah.
> Lerne nur das Glück ergreifen,
> denn das Glück ist immer da.

隨著日子一天一天地過，每人都為即將要發生的事，或
多或少有所準備。

> Jede Seele wird in dem Gange der Tage zu dem, was ihr bevorsteht, mehr oder weniger zubereitet.

人只有變老，才能變得溫和，因為我看不見任何錯誤發生是我過去沒有犯過的。

> Man darf nur alt werden, um milder zu sein; ich sehe keinen Fehler begehen, den ich nicht auch begangen hätte.

想當年我還是個幽默風趣、精神抖擻的少年，
畫家們卻認為我的臉太過凡俗；
但就憑這張臉，當時可有好些美麗的女孩，鍾情於我呢！
現在我坐擁宗師之名，街頭巷尾都喊著我的名字，
我成了煙斗上、茶杯上的明星角色
而美麗的女孩們，卻離我遠去。
噢，年輕的夢，噢，金色的星！

> Als ich ein junger Geselle war, lustig und guter Dinge,
> da hielten die Maler offenbar mein Gesicht für viel zu geringe;

dafür war mir manch schönes Kind von Herzen treu
und hold gesinnt.
Nun ich hier als Altmeister sitz, rufen sie mich aus
auf Straßen und Gassen,
zu haben bin ich wie der alte Fritz auf Pfeifenköpfen
und Tassen;
doch die schönen Kinder, die bleiben fern.
O Traum der Jugend, o goldner Stern!

年歲漸長後，我們對年輕時所遇之事，才開始有所體悟。

Wir erfahren erst im Alter, was uns in der Jugend
begegnete.

哎！我活到八十歲，難道就是為了不停想著同一件事？
我每天絞盡腦汁，想些不同的、新鮮的主意，才不至於
無聊。要不斷地有改變、更新、變年輕，才不至於僵化。

Ei, bin ich denn darum achtzig Jahre alt geworden,
daß ich immer dasselbe denken soll? Ich strebe
viel mehr, täglich etwas anderes, Neues zu denken,
um nicht langweilig zu werden. Man muß sich
immerfort verändern, erneuern, verjüngen, um
nicht zu verstocken.

人愈來愈年長，一切就顯得愈來愈無所謂，要是不想世界完全地消融，就必須抓緊，與能建立世界的人為伍。

> Je älter man wird, desto mehr verallgemeinert sich alles, und wenn die Welt nicht ganz und gar verschwinden soll, so muß man sich zu denen halten, welche sie aufzubauen imstande sind.

就算世界不斷在進步，年輕人還是得不斷地重新開始，獨自在世界文化的各時代間，闖出一片天。

> Wenn auch die Welt im ganzen vorschreitet, die Jugend muß doch immer wieder von vorne anfangen und als Individuum die Epochen der Weltkultur durchmachen.

活得長久；意味著經歷許多事物的消逝，深愛過的、恨過的、不在意的人，帝國和首都，沒錯，還有我們年輕時播種植栽，種下的森林樹木。我們也見證了自己的逝去，並心懷感激的看著，自己身上、心上僅存的一點天賦。我們坦然接受這樣的過去，只要我們把永恆寄在每個當下，過往的時光就不能使我們傷感。

Lange leben heißt gar vieles überleben, geliebte, gehaßte, gleichgültige Menschen, Königreiche, Hauptstädte, ja Wälder und Bäume, die wir jugendlich gesäet und gepflanzt. Wir überleben uns selbst und erkennen durchaus noch dankbar, wenn uns auch nur einige Gaben des Leibes und Geistes übrigbleiben. Alles dieses Vorübergehende lassen wir uns gefallen; bleibt uns nur das Ewige jeden Augenblick gegenwärtig, so leiden wir nicht an der vergänglichen Zeit.

不幸也是好事。我在病中學會了許多從我原本的生活裡無從學習的事物。

Unglück ist auch gut. Ich habe viel in der Krankheit gelernt, das ich nirgends in meinem Leben hätte lernen können.

痛苦，是我求助的對象，痛苦是會給好建議的摯友。

Die Schmerzen sind's, die ich zu Hilfe rufe, denn es sind Freunde, Gutes raten sie.

面臨重大的失去時，我們應該要馬上環顧四周，看看有什麼是我們還能挽回、保全的。

> Bei dem größten Verlust müssen wir sogleich umherschauen, was uns zu erhalten und zu leisten übrigbleibt.

有決心的人，將能戰勝苦痛。

> Wer sich entschließen kann, besiegt den Schmerz.

從未含淚嚼著麵包的人
從未在憂傷的夜晚，
坐在床邊哭泣的人
他絕不知懂得，天命的力量。

祢們領我們走進人生，
祢們讓窮苦的人受罪，
然後任憑他們承受痛苦：
因為世上所有罪惡都會得到報應。

Wer nie sein Brot mit Tränen aß,
wer nie die kummervollen Nächte
auf seinem Bette weinend saß,
der kennt euch nicht, ihr himmlischen Mächte.

Ihr führt ins Leben uns hinein,
ihr laßt den Armen schuldig werden,
dann überlaßt ihr ihn der Pein:
denn alle Schuld rächt sich auf Erden.

沒有一種存在會崩解化為烏有！

Kein Wesen kann zu nichts zerfallen!

我完全沒有死亡的想法。因為我確信，我們的精神是一種堅不可摧的存在體；它是從永恆到永恆的延續，它近似於太陽，在世俗的眼裡，總會落下，然而實際上太陽從未落下，而是永不間斷地閃耀著光芒。

Mich läßt der Gedanke an den Tod in völliger Ruhe,
denn ich habe die feste Überzeugung, daß unser
Geist ein Wesen ist ganz unzerstörbarer Natur; es
ist ein Fortwirkendes von Ewigkeit zu Ewigkeit, es
ist der Sonne ähnlich, die bloß unsern irdischen
Augen unterzugehen scheint, die aber eigentlich nie
untergeht, sondern unaufhörlich fortleuchtet.

……死神以儡人的樣貌佇立，

於智者而言，此非恐懼；於虔信者而言，此非終點。

死亡將前者推回人間，並教會他如何採取行動；

並且幫助後者，增強了從哀傷中復原的希望：

對這兩者而言，死亡都變成生命的一部分。

... Des Todes rührendes Bild steht
nicht als Schrecken dem Weisen, und nicht als Ende
dem Frommen.
Jenen drängt es ins Leben zurück und lehret ihn
handeln;
diesem stärkt es, zu künftigem Heil, im Trübsal die
Hoffnung:
beiden wird zum Leben der Tod.

少些繁文縟節！

就讓我過去吧：

我可是個人，

也就是說，我是個戰士。

未來裡藏有

痛苦與快樂，

隨著眼界逐漸打開，

我們將無所畏懼，

勇往直前。

遠方
夜幕低垂，
肅穆。沈靜
星辰高掛。
地下墳土安息。

然而那頭傳來呼喚，
精神之響，
主宰之聲，
「莫懈怠，去實踐
行善的力量！

這兒的冠冕在
永恆的寧靜下織就
將連同厚禮，
獎賞辛勤之人！
我們為你們召回希望！」

Nicht so vieles Federlesen!
Laßt mich immer nur herein:
denn ich bin ein Mensch gewesen,
und das heißt ein Kämpfer sein.

Die Zukunft decket
Schmerzen und Glücke
schrittweis dem Blicke,
doch ungeschrecket
dringen wir vorwärts.

Und schwer und ferne
hängt eine Hülle
mit Ehrfurcht. Stille
ruhn oben die Sterne
und unten die Gräber.

Doch rufen von drüben
die Stimmen der Geister,
die Stimmen der Meister:
»Versäumt nicht, zu üben
die Kräfte des Guten!

Hier flechten sich Kronen
in ewiger Stille,
die sollen mit Fülle
die Tätigen lohnen!
Wir heißen euch hoffen!«

我向眾神禱告，讓我的勇氣與正直能堅持到最後，情願
結局提早到來，也不要讓自己狼狽地爬完最後一哩路。

Ich habe die Götter gebeten, daß sie mir meinen Mut und Gradsinn erhalten wollen bis ans Ende, und liebe möge das Ende vorrücken, als mich den letzten Teil des Ziels lausig hinkriechen lassen.

讓你的追求，以愛之名，
讓你的生活，有所作為……
不要原地踱步，
要勇於冒險、勇於前行！
用高昂的精神力量去思考與行動，
四海皆能是我家；
只要我們能享受陽光，
就能擺脫任何憂愁；
我們攤開在陽光下能忘卻煩惱，
因此世界如此廣闊。

Und dein Streben, sei's in Liebe,
und dein Leben sei die Tat...
Bleibe nicht am Boden heften,
frisch gewagt und frisch hinaus!
Kopf und Arm mit heitern Kräften,
überall sind sie zu Haus;
wo wir uns der Sonne freuen,
sind wir jede Sorge los;
daß wir uns in ihr zerstreuen,
darum ist die Welt so groß.

只有日日都去爭取的人，才配得擁有自由和生命。

> Nur der verdient sich Freiheit wie das Leben, der
> täglich sie erobern muß.

今天到明天之間，
還有很長一段時間，
趁著心情開朗，
學著抓緊時間。

> Zwischen heut und morgen
> liegt eine lange Frist;
> lerne schnell besorgen,
> da du noch munter bist.

世間所有安排，猶如神助，人人適得其所，生逢其時，
萬物太平。

> So göttlich ist die Welt eingerichtet, daß jeder an
> seiner Stelle, an seinem Orte, zu seiner Zeit
> alles übrige gleichwägt.

精神世界高貴的成員，

會從邪惡中獲救，

「我們永遠會拯救，

不斷掙扎努力的奮鬥之人。」

> Gerettet ist das edle Glied
> der Geisterwelt vom Bösen:
> »Wer immer strebend sich bemüht,
> den können wir erlösen«

所有的狀態都是好的，只要合乎自然及理性。

人類願望很多，但需要的卻很少；

因為時日無多，壽命有限。

我向來不譴責，那些總是辛勤忙碌、鍥而不舍之人，

果敢、勤奮地前行，駛過汪洋大海，大路與小徑，

喜獲豐碩成果，嘉惠自己和眷屬親人。

這樣的人，於我而言也是有價值的，像是那位平靜的農民，

他踏著穩健的步伐，經營著父親的遺產，

按著時序的安排，寒耕暑耘。

對他而言，土地年年如常，

新種下的樹，不急不徐地

朝著天空伸展枝枒，點綴著繁花朵朵

 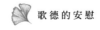

不急，這個人需要的是耐心；也需要純粹

且如常平靜的心境與正直的頭腦。

> Aller Zustand ist gut, der natürlich ist und vernünftig.
>
> Vieles wünscht sich der Mensch, und doch bedarf er nur wenig;
>
> denn die Tage sind kurz, und beschränkt der Sterblichen Schicksal.
>
> Niemals tadl ich den Mann, der immer, tätig und ratlos
>
> umgetrieben, das Meer und alle Straßen der Erde
>
> kühn und emsig befährt und sich des Gewinnes erfreuet,
>
> welcher sich reichlich um ihn und um die Seinen herumhäuft.
>
> Aber jener ist auch mir wert, der ruhige Bürger,
>
> der sein väterlich Erbe mit stillen Schritten umgehet
>
> und die Erde besorgt, so wie es die Stunden gebieten.
>
> Nicht verändert sich ihm in jedem Jahre der Boden,
>
> nicht strecket eilig der Baum, der neugepflanzte, die Arme
>
> gegen den Himmel aus mit reichlichen Blüten gezieret.
>
> Nein, der Mann bedarf der Geduld; er bedarf auch des reinen,
>
> immer sich gleichen, ruhigen Sinns und des geraden Verstandes.

儘管撒下種子，時間會讓你收穫。

Man säe nur, man erntet mit der Zeit.

你來自於天堂，
平息所有的悲與痛，
給予承受數倍苦痛之人
以數倍精神加以撫慰，
啊，我已厭倦了庸碌，
所有這些痛苦與享樂是為了什麼？
甜美的平和，
來吧，啊，來我的胸懷裡吧！

Der du von dem Himmel bist,
alles Leid und Schmerzen stillest,
den, der doppelt elend ist,
doppelt mit Erquickung füllest,
ach, ich bin des Treibens müde!
Was soll all der Schmerz und Lust?
Süßer Friede,
komm, ach komm in meine Brust!

群峰之上，
寂靜一片，

樹梢之間，
感覺不著
氣息一絲。
鳥群在林間沉寂，
等著看吧：不久後
你也將安息。

> Über allen Gipfeln
> ist Ruh,
> in allen Wipfeln
> spürest du
> kaum einen Hauch.
> Die Vögelein schweigen im Walde.
> Warte nur: balde
> ruhest du auch.

致月亮

再度盈滿在山谷裡，樹叢間，
霧靄靜靜晶瑩，
終於又一次完全紓解
我的心靈。

在我的原野之上
你的目光舒緩灑落，

望著我的命運，
如摯友般眼神溫婉。

> *An den Mond*
>
> Füllest wieder Busch und Tal
> still mit Nebelglanz,
> lösest endlich auch einmal
> meine Seele ganz.
>
> Bereitest über mein Gefild
> lindernd deinen Blick,
> wie des Freundes Auge mild
> über mein Geschick.

明眸若非如日光閃爍，
何以能讓太陽看見？
上帝的力量若不在你我之間，
我們如何為神性所動？

> Wär nicht das Auge sonnenhaft,
> die Sonne könnt es nie erblicken;
> läg nicht in uns des Gottes eigne Kraft,
> wie könnt uns Göttliches entzücken?

以敬畏之心，看待諸事。

> Jedes Ereignis mit Ehrfurcht betrachten.

偉大的思想，和純潔的心靈，這是我們應向神祈求的。

> Große Gedanken und ein reines Herz, das ist es, was wir von Gott erbitten sollten.

為善乃出自偉大的愛！
把它傳給你的親族血脈，
若孩子守不住、不惜福，
也能造福後代子孫。

> Gutes tu rein aus des Guten Liebe!
> Das überliefre deinem Blut;
> und wenn's den Kindern nicht verliebe,
> den Enkeln kommt es doch zugut.

關於智慧

Weisheiten

在寧靜中保持純真，
任憑世界風雨紛亂，
越能感受人性，
越是接近神性。

> Halte dich nur im stillen rein
> und laß es um dich wettern
> je mehr du fühlst ein Mensch zu sein
> desto ähnlicher bist du den Göttern.

要想做對的事，就完全不需去責難，也不必對錯誤耿耿於懷，只要一直為善做好事。因為重要的依據，不是推翻了什麼，而是將要建立什麼，於此，能讓人感受到純粹的快樂。

> Wer recht wirken will, muß nie schelten, sich um das Verkehrte gar nicht bekümmern, sondern nur immer das Gute tun. Denn es kommt nicht darauf an, daß eingerissen, sondern daß etwas aufgebaut werde, woran die Menschheit reine Freude empfinde.

品格不能取代知識，但能使其完備。我絕對的品格，於各行各業、生活的紛擾中，都助我一臂之力；我能沉默

而忍耐地等上一季之久，如犬一般，但始終堅持我的目標；一旦我開始實踐，就用盡全力達成，不管四周有何阻礙。

Der Charakter ersetzt nicht das Wissen, aber er suppliert es. Mir ist in allen Geschäften und Lebensverwicklungen das Absolute meines Charakters sehr zustatten gekommen; ich konnte Vierteljahre lang schweigen und dulden wie ein Hund, aber meinen Zweck immer festhalten; trat ich dann mit der Ausführung hervor, so drängte ich unbedingt mit aller Kraft zum Ziele, mochte fallen rechts oder links, was da wollte.

有實力的人，往往很沉默，
沉默卻顯露出一切，
人不論怎如何表現，
終究只能體現自己的人格。

Wer etwas taugt, der schweige still,
im stillen gibt sich's schon;
es gilt, man stelle sich, wie man will,
doch endlich die Person.

缺乏認真，世上什麼都不可能。

> Ohne Ernst ist in der Welt nichts möglich.

人們可以做到更多那些不可能做到的事，只要更有所節制一些。

> Man könnte noch mehr, je das Unglaubliche tun,
> wenn man mäßiger wäre.

我沒有更要緊的事可做，除了那些在我身上還留有進步空間的事。（在離死亡還剩五日的一封信中）

> Ich habe nichts angelegentlicher zu tun, als
> dasjenige, was an mir ist und geblieben ist,
> womöglich zu steigern. [In einem Breife, fünf Tage
> vor dem Tode.]

終究是徒勞，不羈的靈魂
欲臻於純粹的高度。
想要成就偉大，必須收斂自我。
在限制裡，方能彰顯傑出卓越，
法則只會賦予我們自由。

> Vergebens werden ungebundene Geister
> nach der Vollendung reiner Höhe streben.
> Wer Großes will, muß sich zusammenraffen.
> In der Beschränkung zeigt sich erst der Meister,
> und das Gesetz nur kann uns Freiheit geben.

我厭棄那些無所讚嘆的人，因為我窮盡一生，讚嘆一切。

> Ich hasse die Leute, die nichts bewundern, denn ich habe mein Leben damit hingebracht, alles zu bewundern.

以玩票性質過活的人，
永遠不會懂得生活；
不懂得自律的人，
永遠只是生活的奴僕。

這樣古怪的想法，
讓人受難，
沒人想要成就什麼，
人人都想已經有所成就。

> Wer mit dem Leben spielt,
> kommt nie zurecht;
> wer sich nicht selbst befiehlt,
> bleibt immer ein Knecht.
>
> Mit seltsamen Gebärden
> gibt man sich viele Pein,
> kein Mensch will etwas werden,
> ein jeder will schon was sein.

已有所成之人，永不滿足，即將有所成就之人，始終心
懷感激。

> Wer fertig ist, dem ist nichts recht zu machen; ein
> Werdender wird immer dankbar sein.

念及父輩先祖之人，是有福的。

> Wohl dem, der seiner Väter gern gedenkt.

……我們不能按自己的意思，形塑自己的孩子，
如同神之於人，造之，則愛之。

悉心教之，然而任其兀自綻放。

你有你的，別人有別的天賦。

每個人都需要運用天賦，也只能以各自的方式，良善而
幸福。

> ...Wir können die Kinder nach unserm Sinne nicht
> formen,
> so wie Gott sie uns gab, so muß man sie haben und
> liebe,
> sie erziehen aufs beste und jeglichen lassen
> gewähren.
> Denn das eine hat die, die anderen andere Gaben.
> Jedes braucht sie und jedes doch nur auf eigene
> Weise gut und glücklich.

微酵葡萄漿再不成熟，有一天也會變成葡萄酒。

> Wenn sich der Most auch ganz absurd gebärdet, es
> gibt zuletzt doch noch 'nen Wein.

憑著嚴厲能使自身成就許多事，然而透過愛，能夠成就
更多，但大多數的事物，倚仗的是洞察力與公正不阿的
眼界，也就是說，不會考慮他人的感覺。

> Sehr viel sich zu erreichen durch Strenge, mehr durch Liebe, das meiste aber durch Einsicht und eine unparteiische Gerechtigkeit, bei der kein Ansehn der Person gilt.

要懂得分人一杯羹，不然就只能等著拱手讓人了。

> Man muß stets die Gunst verteilen, sonst windet man da Ruder sich selbst aus der Hand.

一片將要長大的葉子，舒展開來前，肯定皺摺縱橫；要是沒有足夠的耐心守候，就要它如同柳葉一般平滑，那就糟了！

> Ein Blatt, das groß werden soll, ist voller Runzeln und Knittern, eh es sich entwickelt; wenn man nicht genug Geduld hat und es gleich so glatt haben will wie ein Weidenblatt, dann ist's übel.

確實，青春令人難以忍受，要是我從未在青春，也讓人如此難忍受。

> Wahrlich, die Jugend wäre unerträglich, wär ich
> nicht auch einmal unerträglich gewesen.

我們每一個人都需要點醉意！
青春是無酒的迷醉；
年歲漸長，若能賴飲酒重返青春，
就是妙不可言的美事。

> Trunken müssen wir alle sein!
> Jugend ist Trunkenheit ohne Wein;
> trinkt sich das Alter wieder zu Jugend,
> so ist es wundervolle Tugend.

活動筋骨對我來說很重要，因為活動不只能讓身體年輕
健壯，還可以鼓舞、強化靈魂和精神，抵禦頹廢。

> Die Turnerei halte ich wert; denn sie stärkt und
> erfrischt nicht nur den jugendlichen Körper,
> sondern ermutigt und kräftigt auch Seele und Geist
> gegen Verweichlichung.

早睡早起！

> Früh zu Bett und früh heraus!

持續忠實地照顧這副身軀，靈魂必須透過這雙眼睛凝視，如果這雙眼睛混濁不清了，全世界會是雨天。

> Sorgen Sie für diesen Leib mit anhaltender Treue!
> Die Seele muß nun einmal durch diese Augen
> sehen, und wenn sie trüb sind, so ist's in der ganzen
> Welt Regenwetter.

白日遠方
藍色山脈牽縈，
黑夜繁星
高掛煌瑩，
日以繼夜
我讚嘆生而為人；
人若永遠心懷正義，
將恆常美善與偉大。

> Und wenn mich am Tag die Ferne
> blauer Berge sehnlich zieht,
> nachts das Übermaß der Sterne

> prächtig mir zu Häupten glüht –
> alle Tag und alle Nächte
> rühm ich so des Menschen Los;
> denkt er ewig sich ins Rechte,
> ist er ewig schön und groß.

重要的是，要有一顆深愛真理且接納它的靈魂，不論真理所在何處。

> Die Hauptsache ist, daß man eine Seele habe, die das Wahre liebt und die es aufnimmt, wo sie es findet.

上帝將耿直的品格耕植在人的心中，
在正直的路上，不會走偏。

> Gott hat die Gradheit selbst ans Herz genommen;
> auf gradem Weg ist niemand umgekommen.

對自己與他人都能堅持真誠的人，擁有所有天份中最美的稟賦。

> Wer gegen sich selbst und andere wahr ist und bleibt, besitzt die schönste Eigenschaft der größten Talente.

人類的幸福療癒是：在日常的工作中勤奮不歇，且內心能有所沉思與感悟。

> Des Menschen Heil ist: ein immer strebend sich Bemühen in täglicher Arbeit, innig verbunden mit Besinnung und Betrachtung.

能夠自律的人，能成就最艱難且偉大的事業。

> Der Mensch, der Gewalt über sich hat, und behauptet, leistet das Schwerste und Größte.

做得少一點，但大膽一些。

> Man soll wenig tun, aber Tüchtiges.

想要走得穩健，得要慢慢走。

> Wer sichre schritte tun will, muß sie langsam tun.

成果最豐碩的學習，是能戰勝自己的錯誤。不願承認自己的錯誤之人，即便能成為一名的偉大的學者教授，卻不會是最優秀的學習者。羞於面對自己的錯誤之人，拒絕坦然面對自己的過錯；同時也表示他拒絕了最豐饒的內在收穫。錯，人人都會犯，連最聰明清醒的人也不例外，所以我們沒有理由，將我們的錯誤視為某種恥辱。

> Das fruchtbarste Lernen ist die Überwindung des eigenen Irrtums. Wer keinen Irrtum eingestehen will, kann ein großer Gelehrter sein, aber er ist kein großer Lerner. Wer sich des Irrtums schämt, der stäubt sich, ihn zu erkennen und zuzugeben; d. h. er sträubt sich vor einem besten innerlichen Gewinn. Da jedermann irrt, da die Weisesten geirrt haben, so haben wir keinen Grund, unsern Irrtum als etwas Schändliches zu empfinden.

錯中學！

> Irrend lernt man!

我一犯錯，人盡皆知，但要是我撒謊，沒人知。

> Wenn ich irre, kann es jeder bemerken, wenn ich lüge, nicht.

自己的錯誤使人維持謙虛和公正的心態。

> Eigener Fehler erhält Demut und billigen Sinn.

有些人成天拿著榔頭對著牆壁敲來敲去，還以為他每次都有敲中釘子。

> Mancher klopft mit dem Hammer an der Wand herum und glaubt, er treffe jedesmal den Nagel auf den Kopf.

在你能洞察純粹的清明之處，
能忠於自我且信任自我之地，
在那兒，美好與善良令人滿足，
敬孤寂！在此打造你的一方天地！

> Nur wo du klar ins holde Klare schaust,
> dir angehörst und dir allein vertraust,
> dorhin, wo Schönes, Gutes nur gefällt,
> zur Einsamkeit! Da schaffe deine Welt!

如非出自靈魂的療癒，
就無法真正得到治癒。

> Erquickung hast du nicht gewonnen,
> wenn sie dir nicht aus eigner Seele quillt.

這才是你，你也無法擺脫你自己。

> So mußt du sein, dir kannst du nicht entfliehen.

每天我都蛻下一層新的殼。

> Täglich werf ich eine neue Schale ab!

多去嘗試，總比多說話來得好。

> Immer ist es besser versuchen, als viel reden.

我一生中窮極一切,想避免的就是空洞的話語,莫此為甚。

> Ich habe mich in meinem Leben vor nichts so sehr als vor leeren Worten gehütet.

我一生中犯過不少錯,但我未曾欺瞞任何人。

> Manches hab ich gefehlt in meinem Leben, doch keinen hab ich belistet.

在所有的美德中,就一個高於其他:不斷持續向上追求卓越,與自己角力,對更偉大的純粹、智慧、良善與愛的追尋,永不滿足。

> Über allen anderen Tugenden steht eins: das beständige Streben nach oben, das Ringen mit sich selbst, das unersättliche Verlangen nach größerer Reinheit, Weisheit, Güte und Liebe.

道路與目的

Wege und Ziele

自己最能幫助自己，為了追求幸福，必須改變；必須抓住機會，擁把機會；有利、慈愛的眾神，會指點迷津、給予祝福。懶惰之人只會徒勞地要求無償絕對的幸運。是的，幸運落到這樣的人身上，也只會是懲罰。

> Der Mensch hilft sich selbst am besten. Er muß wandeln, sein Glück zu suchen; er muß zugreifen, es zu fassen; günstige Götter können leiten, segnen. Vergebens fordert der Lässige ein unbedingtes Glück. Ja, wird es ihm gewährt, so ist's zur Strafe.

忙活，使人快活；
先是忙出了點意思，接著
倒楣事也都神來運轉成好事。
所以說早早起床吧！沒錯，
您會發現，昨日所建，已毀成一片，
螞蟻正勤勞地幫你收拾殘局！
於是您就重新想方設法！
所以說就算世界分崩離散，
您也能再重建起世界，重拾無盡的興味。

> Die Tätigkeit ist, was den Menschen glücklich macht;
> die, erst das Gute schaffend, bald ein Übel selbst durch göttlich wirkende Gewalt in Gutes kehrt.

> Drum auf beizeiten morgens! Ja, und fändet ihr
> was gestern ihr gebaut, shcon wieder eingestürzt,
> Ameisen gleich nur frisch die Trümmer aufgeräumt!
> Und neuen Plan ersonnen, Mittel neu erdacht!
> So werdet ihr, und wenn aus ihren Fugen selbst
> die Welt geschoben in sich selbst zertrümmerte,
> sie wieder bauen, einer Ewigkeit zur Lust.

為了這偉大的恩賜，我想感謝上帝：我能把一天這個稍縱即逝又多面多變的一個概念，分成百萬個單位，然後生出一個小小的永恆。

> Die größte Gabe, für die ich den Göttern danke: daß
> ich durch die Schnelligkeit und Mannigfaltigkeit
> der Gedanken *einen* Tag in Millionen Teile spalten
> und eine kleine Ewigkeit draus bilden kann.

人除了自己愛的東西，什麼都不認識，越是深入、全面地增加了解，這份愛也就越加濃烈、有力而靈動，是的，那就是熱情。

> Man lernt nichts kennen, als was man liebt, und je
> tiefer und vollständiger die Kenntnis werden soll,
> desto stärker, kräftiger und lebendiger muß Liebe, ja
> Leidenschaft sein.

對賣力工作的人來說，重要的只有自己是否做了對的事，至於事情結果是否是對的，那就不干他的事。

> Dem tätigen Menschen kommt es darauf an, daß er das Rechte tue; ob das Rechte geschehe, soll ihn nicht kümmern.

用我的雙手完成工作，
崇高的幸運之神，讓我完成工作吧！
喔，可別讓我疲憊不堪！
不，這才不是空洞的夢想：
雖然現在只有枝幹，這些大樹
有一天終會結實累累，綠葉成蔭。

> Schaff, das Tagwerk meiner Hände,
> hohes Glück, daß ich's vollende!
> Laß, o laß mich nicht ermatten!
> Nein, es sind nicht leere Träume:
> jetzt nur Stangen, diese Bäume
> geben einst noch Frucht und Schatten.

不要去想那些不可能的事，生活要知足。

> Nichts Unmögliches hoffen und doch dem Leben genug sein.

我們所有最真誠付出的辛勞，
都只在不知不覺中兌現。
玫瑰怎麼會有辦法盛開，
若它見識過陽光有多璀璨？

> All unser redlichstes Bemühn
> glückt nur im unbewußten Momente.
> Wie könnte denn die Rose blühn,
> wenn sie der Sonne Herrlichkeit erkennte!

繼續努力，直到蒙主寵召，回歸以太！願永生之靈，賜
予我們純粹的忙活，如同我們身為人類在人世間的種種
預演，請別讓我們失望！

> Wirken wir so fort, bis wir, vom Weltgeist berufen,
> in den Äther zurückkehren! Möge dann der ewig
> Lebendige uns reine Tätigkeiten, denen analog,
> in denen wir uns als Menschen erprobten, nicht
> versagen.

要是上帝想要我變成其他模樣，
他就會把我造成其他模樣；
既然他賦予我天賦，

就可見他有多信任我。

這天賦，我需要東嘗試，西嘗試，

不知道會得到怎樣的結果；

哪天要是失靈了，

祂會我啟示的。

> Hätte Gott mich anders gewollt,
> so hätt er nicht anders gebaut;
> da er mir aber Talent gezollt,
> hat er mir viel vertraut.
> Ich brauch es zur Rechten und Linken,
> weiß nicht, was daraus kommt;
> wenn's nicht mehr frommt,
> wird er schon winken.

一切事物的開端都是難的；

這道理在很多時候並不那麼簡單明瞭。

農家先是播種耕耘，

經過一個美好的夏日，才得結實累累；

建築師若想建造高大、更高大的牆，

得先挖出更深的地基。

畫家在周到地構思一幅畫前，

得先謹慎繃好畫布，

而心之所向，都會慢慢成真。

> Der Anfang ist an allen Sachen schwer;
> bei vielen Werken fällt er nicht ins Auge.
> Der Landmann deckt den Samen mit der Egge
> und nur ein guter Sommer reift die Frucht;
> der Meister eines Baues gräbt den Grund
> nur desto tiefer, als er hoch und höher
> die Mauern führen will; der Maler gründet
> sein ausgespanntes Tuch mit vieler Sorgfalt,
> eh er sein Bild gedankenvoll entwirft,
> und langsam nur entsteht, was jeder wollte.

只要去做，喜悅自來！

> Arbeite nur, die Freude kommt von selbst!

走出家門，走到最遠的地方，盡你所能，觸及到全世界。

> Geh vom Häuslichen aus und verbreite dich, so du
> kannst, über alle Welt.

活在世界史裡的人，
該向誰看齊？

對於縱覽時代並且有所求之人，
才有資格言說和書寫。

> Wer in der Weltgeschichte lebt,
> dem Augenblick sollt er sich richten?
> Wer in die Zeiten schaut und strebt,
> nur der ist wert, zu sprechen und zu dichten.

開闢自己的道路！

> Mache dir selber Bahn!

對有本事之人而言，這世界並非鴉雀無聲。何須在永恆中徘徊？他所知的，盡可掌握。

> Dem Tüchtigen ist diese Welt nicht stumm. Was bracht er in die Ewigkeit zu schweifen! Was er kennt, läßt sich ergreifen.

許多事物在世間遺失，只因人們太快就認定它們消失了。

> Vieles geht in der Welt verloren, weil man es zu geschwind für verloren gibt.

就別管憂愁了，
萬事既已俱備，
要是天塌下來了，
雲雀也會逃過一劫的。

> Laß nur die Sorge sein,
> das gibt sich alles schon,
> und fällt der Himmel ein,
> kommt doch eine Lerche davon.

只要我們在當前狀態下，獨自保持堅持與忠誠，我們就可以取得更高的能力和資格，踏入下一關的階梯，不問只是塵世的短暫，還是彼世的永恆。

> Durch Standhaftigkeit und Treue in dem gegenwärtigen Zustand ganz allein werden wir der höheren Stufe eines folgenden wert und sie zu betreten fähig, es sei nun hier zeitlich oder dort ewig.

沒有一種狀況是無法透過能力與耐心昇華的。

> Es gibt keine Lage, die man nicht veredeln könnte
> durch Leisten oder Dulden.

最好的事物，並非透過言語闡明。能使我們有所作為的
精神意念，才是最崇高的。

> Das Beste wird nicht deutlich durch Worte. Der
> Geist, aus dem wir handeln, ist das Höchste.

「有好些事情，我們還能沒搞懂。」
日子繼續過，一切沒事的。

> »Manches können wir nicht verstehn.«
> Lebt nur fort, es wird schon gehen.

命運給你考驗，你可知道為何：
因祂願你有所節制！默默地跟隨吧。

> Prüft das Geschick dich, weiß es wohl warum:
> es wünschte dich enthaltsam! Folge stumm.

你竟想要睡個安穩覺！

我倒喜歡內心的紛擾；

因為，要是沒有懷疑，

哪來的愉悅中擁抱確信？

> Ins Sichere willst du dich betten!
> Ich liebe mir inneren Streit;
> denn, wenn wir die Zweifel nicht hätten,
> wo wäre denn frohe Gewißheit?

……唯有眼前的瞬間是關鍵

關於人的生活，關於人的命運；

即便經過漫長的衡量，每個人的決定終究只是

瞬間的產物，唯有理智之人，能把握正確的決定。

這樣的情況總是很危險的，在選擇的過程中，一面顧慮

這個和那個，還把情感拉來攪和。

> ... Der Augenblick nur entscheidet
> über das Leben des Menschen und über sein ganzes
> Geschicke;
> denn nach langer Beratung ist doch ein jeder
> Entschluß nur
> Werk des Moments, es ergreift doch nur der
> Verständige das Rechte.

> Immer gefährlicher ist's, beim Wählen dieses und jenes
> nebenher zu bedenken und so das Gefühl verwirren.

重點的是，要去學習約束自己。想毫無顧忌地前行，這樣的想法我自然也有，但這將導致自己和周遭的一切陷入毀滅。

> Die Hauptsache ist, daß man lerne, sich selbst zu beherrschen. Wollte ich mich ungehindert gehen lassen, so läge es wohl in mir, mich selbst und meine Umgebung zugrunde zu richten.

我們歪斜地騎在馬背上
去找樂子、搞事業，
但後頭有什麼在咆哮，
用盡全力地嚎叫。
原來是我們養在馬廄裡的狗，
想和我們一同前行，
用牠響亮又不絕於耳的吠叫聲
證明，我們正騎在馬背上。

Wir reiten in die Kreuz und Quer
nach Freuden und Geschäften,
doch immer kläfft es hinterher
und billt aus allen Kräften.
So will der Spitz aus unserm Stall
uns immerfort begleiten,
und seines Bellens lauter Schall
beweist nur, daß wir reiten.

都是群怎樣的人，整個心靈狀態寄託於儀式上，多少年來，心裡所思所求不斷往此方向，像是只關乎如何在桌邊再塞一張椅子一樣。不，其實他們也不是沒別的事好做。才不呢，工作都堆成山了，是因為他們總為了小事庸碌，錯過了大事。那些小人物，看不清自己的位置，哪都到不了，而拿到首席的人，通常不做首要事，就像國王為大臣所控，就像大臣為秘書所制！究竟誰才是天下第一人呢？在我看來，是那些能一眼看穿他人，坐擁權勢又詭計多端之人，利用他人的熱忱，來成就自己一番大業。

Was das für Menschen sind, deren ganze Seele auf
dem Zeremoniell ruht, deren Dichten und Trachten
jahrelang dahin geht, wie sie um einen Stuhl weiter
hinauf bei Tische sich einschieben wollen! Und

nicht, daß sie sonst keine Angelegenheit hätten; nein, vielmehr häufen sich die Arbeiten, eben weil man über den kleinen Verdrießlichkeiten von Beförderung der wichtigen Sachen abgehalten wird... Die Toren, die nicht sehen, daß es eigentlich auf den Platz gar nicht ankommt und daß der, der den ersten hat, so selten die erste Rolle spielt! Wie mancher König wird durch seinen Minister, wie mancher Minister durch seinen Sekretär regiert! Und wer ist denn der Erste? Der dünkt mich, der die andern übersieht und so viel Gewalt oder List hat, ihre Kräfte und Leidenschaften zur Ausführung seiner Pläne anzuspannen.

大自然會照顧自己的孩子們，即便是最低微的存在，也不會因最傑出的存在，而受到妨礙。

Die Natur hat für ihre Kinder gesorgt, der Geringste wird nicht, auch durch das Dasein des Trefflichsten, an seinem Dasein gehindert.

花朵有如大自然最華美的辭藻和象形文字，向我們闡明，她對我們來說有多珍貴。

> Blumen sind die schönen Worte und Hieroglyphen der Natur, mit denen sie uns andeutet, wie lieb sie uns hat.

依偎在母親、大自然的懷裡，在玻璃罩裡也能發現一個世界。

> Wer mit seiner Mutter, der Natur sich hält, findt im Stengeglas wohl eine Welt.

人要靠著自己的方式思考，因為在他自己的路上，他總是會找到一種真理，或是類似真理的東西，幫助他度過一生。

> Jeder Mensch muß nach seiner Weise denken; denn er findet auf seinem Wege immer ein Wahres oder eine Art von Wahrem, die ihm durchs Leben hilft.

刺激你的東西，也許比起你自己完成的東西，能讓你學到更多。

> Man erwirbt sich vielleicht durch das, was man
> anregt, mehr Verdienst als durch das, was man selbst
> vollbringt.

我所繼承的遺產是多麼美麗啊，既寬又廣！
因時間為我所有之物，我的田地就是時間。

> Mein Erbteil wie herrlich, weit und breit!
> Die Zeit ist mein Besitz, mein Acker ist die Zeit.

作為不論在何地，都是關鍵。

> Die Tat ist überall entscheidend.

意志決定人的偉大或渺小。

> Sein Wille macht den Menschen groß und klein.

別忘了要生活！勇敢地去快活！

> Gedenke zu leben! Wage es, glücklich zu sein!

自誇吧！只有嫉妒會生惡臭！

> Selbstlob! Nur dem Neide stinkt's!

抵抗批評既不能保護亦不能捍衛自己；反之，行動時候不必顧慮批評，逐漸地批評就會變得討喜。

> Gegen die Kritik kann man sich weder schützen noch wehren; man muß ihr zum Trutz handeln, und das läßt sie sich nach und nach gefallen.

在仔細嚴格地檢視自己還有他人在生活與藝術的道路上，我經常會發現，那些理所當然被稱作為錯誤的追求而行經的繞道之舉，對個體而言卻是通往目標必經之路。每一次從岔路回首，都會使人在個人與整體上有徹頭徹尾的成長。如此就可以理解，為什麼研究人心時，一個懺悔的罪人會比九十九個正人君子更令人喜愛。沒錯，人常常刻意追求顯然錯誤的目標，有如擺渡人總是

逆流而行，而對他而言他所要完成的目的，恰是要登上
彼岸。

> Bei strenger Prüfung meines eigenen und fremden
> Ganges in Leben und Kunst fand ich oft, daß das,
> was man mit Recht ein falsches Streben nennen
> kann, für das Individuum ein ganz unentbehrlicher
> Umweg zum Ziele sei. Jede Rückkehr vom Irrtum
> bildet mächtig den Menschen im einzelnen und
> ganzen aus, so daß man wohl begreifen kann, wie
> dem Herzenforscher ein reuiger Sünder lieber sein
> kann als neunundneuzig Gerechte. Ja, man strebt
> oft mit Bewußtsein zu einem scheinbar falschen
> Ziel, wie der Fährmann gegen den Fluß arbeitet,
> da ihm doch nur darum zu tun ist, gerade auf dem
> entgegengesetzten Ufer anzulanden.

人可以達到的最高境界，即對自己的所思與所想，有所
自覺；認識自己，受其引導，也能察覺自己內在陌生的
心智樣貌。

> Das Höchste, wozu ein Mensch gelangen kann,
> ist das Bewußtsein eigener Gesinnungen und
> Gedanken; das Erkennen seiner selbst, welches ihm
> die Einleitung gibt, auch fremde Gemütsarten innig
> zu erkennen.

你總該要提起一次勇氣，坦然的接受，讓自己喜悅一些，讓自己受感動，讓自己更卓越，是的，甚至讓自己受到啟發，因而讓自己的熱情被點燃，得到鼓舞，去做更宏大的事。

> Habt doch endlich einmal die Courage, euch den Eindrücken hinzugeben, euch ergötzen zu lassen, euch rühren zu lassen, euch erheben zu lassen, ja euch belehren und zu etwas Großem entflammen und ermutigen zu lassen.

被砍斷了一挑腿，比在冷火中身亡，更有男子氣概。

> Es ist männlicher, sich ein Bein abnehmen zu lassen, als am kalten Brande zu sterben.

每天都有新煩惱被引發而出，這種狀態是不對的。

> Ein Zustand, der alle Tage neuen Verdruß zuzieht, ist nicht der rechte.

擋路的，全部走開！

> Alles weg, was deinen Lauf stört!

長時間被壓抑在一個狹小緊縮的關係裡，人的精神和品格都得受累，最終變得無能成就大事，無法再努力振作起來。

> Wenn man sich zu lange in engen, kleinen Verhältnissen herumdrückt, so leidet der Geist und Charakter; man wird zuletzt großer Dinge unfähig und hat Mühe, sich zu erheben.

任何煩心的事，
都不該忍受！

> Was euch das Innere stört,
> dürft ihr nicht leiden!

人類最大的成就應是能盡可能地掌控環境，以及盡可能地不被環境掌控。

> Des Menschen größtes Verdienst bleibt wohl, wenn er die Umstände so viel als möglich bestimmt und sich so wenig als möglich von ihnen bestimmen läßt.

懦弱的思想
焦慮的躊躇，
陰柔的膽怯
不安地抱怨
不能改變痛苦，
也讓你無法脫身。

面對所有勢力
以對抗反之，
絕不屈從
展現自己的堅強力量，
召喚眾神的
一臂之力。

Feiger Gedanken
bängliches Schwanken,
weibliches Zagen
ängstliches Klagen
wendet kein Elend,
macht dich nicht frei.
Allen Gewalten
zum Trutz sich erhalten,
nimmer sich beugen
kräftig sich zeigen,
rufet die Arme
der Götter herbei.

我們喜歡展望未來，因為我們期待未來裡的那些搖擺不定樣貌，可以透過靜靜的許願，投我們所好，以對我們有利的形式到來。

> Wir blicken so gern in die Zukunft, weil wir das Ungefähre, was sich in ihr hin und her bewegt, durch stille Wünsche so gern zu unsern Gunsten heranleiten möchten.

若是想要邁向無限，
就得在有限的事物中多方嘗試所有面向。
若想要在整體中得到振奮，
就得在最微小之處看到整體。

> Willst du ins Unendliche schreiten,
> geh nur im Endlichen nach allen Seiten.
> Willst du dich am Ganzen erquicken,
> so mußt du das Ganze im Kleinsten erblicken.

徵兆與真相

Winke und Wahrheiten

我將此視為行事準則，就是依照我內心的準則行事，不管這會給我惹上什麼事，也不管這會不會引人誤會。

> Ich habe es mir zum Gesetz gemacht, nach meinem innern Gesetz zu handeln, unbekümmert, welchen Anstrich es mir gibt und ob es nicht vielleicht falsch verstanden wird.

世上所有財產中，最珍貴的就是擁有自己的心。

> Unter allen Besitzungen auf Erden ist ein eigen Herz zu haben die kostbarste.

寂寞是最高尚的產物。

> Einsamkeit ist höchstes Gut.

啊，人到底該追求什麼？
靜靜待著，比較好嗎？
還是該緊緊抓著不放？
隨波逐流，比較好嗎？
應該要蓋間小屋安生嗎？

還是該住在帳篷裡流浪？

應該要相信岩石較可靠嗎？

就連堅固的岩石也會鬆動。

每個人都有自己的命運！

每個人都應該看看自己如何行事，

每個人都應該看看自己何處安身，

而站穩的人，應確保自己不會倒下！

Ach, was soll der Mensch verlangen?
Ist es besser, ruhig bleiben?
Klammernd fest sich anzuhangen?
Ist es besser, sich zu treiben?
Soll er sich ein Häuschen bauen?
Soll er unter Zelten leben?
Soll er auf die Felsen trauen?
Selbst die festen Felsen beben.

Eines schickt sich nicht für alle!
Sehe jeder, wie er's treibe,
sehe jeder, wo er bleibe,
und wer steht, daß er nicht falle!

那些可以被稱作，為我們所有的東西，除了精神、力量
和意願之外無他。

Was können wir denn unser Eigenes nennen als die
Energie, die Kraft, das Wollen!

我很清楚，沒什麼東西屬於我，
除了發自靈魂、不受干擾
流露的思想之外，
還有每個美妙的瞬間
讓我在愛的際遇中，
徹底地享受。

Ich weiß, daß mir nichts angehört
als der Gedanke, der ungestört
aus meiner Seele will fließen,
und jeder günstige Augenblick,
den mich ein liebendes Geschick
von Grund aus läßt genießen.

重大錯誤：自以為是，以及，自以為輕。

Ein großer Fehler: daß man sich mehr dünkt, als
man ist, und sich weniger schätzt, als man wert ist.

歌德的安慰

不少人秉持著一廂情願和倔強，栽在不具天賦的事物上。如果一齣劇本不能一揮而就，不如安然放下此事，看向他處；也許在多番嘗試的路上，你很可能會找到大自然給你的指示，要是在學徒道路上找不著，那麼以上帝的名義！既然你已經辛勤地企求與追尋過的；就安心走向自己的志業吧，然後才能更純粹、愉快地享受其他人帶來的成果。

> Nicht selten stürzt man sich mit Inbrunst und wahrer Verbissenheit auf Dinge, wofür man kein eigentliches Talent hat. Will das Drama nicht recht aus der Feder fließen, so legen Sie es getrost beiseite und sehen sich nach anderem um; wahrscheinlich finden Sie auf solchen Versuchswegen, was Ihnen die Natur zugewiesen hat, und findet sich's nicht am Ende der Lehrlingsschaft, nun in Gottes Namen! so hat man tüchtig gewollt und gestrebt; man geht getrost an seinen Beruf und genießt um so reiner und freudiger, was andere hervorbringen.

凡走過必留下痕跡，一切都不經意地教育我們；但如果要去細數、盤點這一切，可就危險了。要不是會因此驕傲得意、漫不經心，就是會因打擊而灰心喪志，不論哪一種結果，對未來都只有妨礙，最安穩的選擇就是，只做接下來要做的下一件事，眼前出現的事。

> Alles, was uns begegnet, läßt Spuren zurück, alles trägt unmerklich zu unserer Bildung bei; doch es ist gefährlich, sich davon Rechenschaft geben zu wollen. Wir werden dabei entweder stolz und lässig oder niedergeschlagen und kleinmütig, und eins ist für die Folge so hinderlich als das andere. Das Sicherste bleibt immer, nur das Nächste zu tun, was vor uns liegt.

我們應該悉心培養的是我們的特質，而非脾氣。

> Unsere Eigenschaften müssen wir kultivieren, nicht unsre Eigenheiten.

我們的願望來自對自身潛能的預感，也是未來具備哪些能力的預兆。我們能做也想做的事，經由想像力，都可在身外與未來呈現，同時我們也會對內心早默默擁有的東西有所渴望，所以說，只要先充滿熱情地採取行動，讓可能成真的一切，成為朝思暮想的現實。

> Unsere Wünsche sind Vorgefühle der Fähigkeiten, die in uns liegen, Vorboten des jenigen, was wir zu leisten imstande sein werden. Was wir können und möchten, stellt sich unserer Einbildungskraft außer uns und in der Zukunft dar; wir fühlen eine

困難之中最難的是什麼？那些你以為是最簡單的東西：
用眼睛看見，擺在眼前的東西。

> Was ist das Schwerste von allem? Was dir das Leichteste dünkt:
> mit den Augen zu sehn, was vor den Augen dir liegt.

理解都始於讚嘆。

> Alles Verständnis fängt mit Bewunderung an.

因簡單即是偉大。想走單純的路，要走得靜。

> Nun das Einfältige ist groß. Wer den einfältigen Weg gehen will, der gehe ihn und schweige still.

抓起、打包，是每個大師的精髓。

> Drein greifen, packen ist das Wesen jeder
> Meisterschaft.

一住進豪華的住所，我就立刻感到懶洋洋，缺少活力。
反之，住窄小的住所，像是現在這個破房間，要整齊不
整齊，有點吉普賽的風格，才是最適合我的。讓我的內
心完全的自由，能保持活動，能由衷地自我創造。

> Ich bin in einer prächtigen Wohnung sogleich
> fau und untätig. Geringe Wohnung dagegen, wie
> dieses schlechte Zimmer, ein wenig unordentlich
> ordentlich, ein wenig zigeunerhaft, ist für mich das
> Rechte; es läßt meiner inneren Natur volle Freiheit,
> tätig zu sein und aus mir selber zu schaffen.

別讓人奪走
你的初心，
眾人相信的，
是那些容易相信的事。

> Urspünglich eignen Sinn
> laß dir nicht rauben!
> Woran die Menge glaubt
> ist leicht zu glauben.

人必須有勇氣，去成為自然所造就我們的樣子。

> Man muß die Courage haben, das zu sein, wozu die
> Natur uns gemacht hat.

我習慣於，只跟隨自己的直覺。

> Ich bin gewohnt, nur meinem Instinkt zu folgen.

所有的暴力和唐突的事，都讓我的靈魂打心底厭惡，因
為這不符合自然的法則。

> Jedes Gewaltsame, Sprunghafte ist mit in der Seele
> zuwider, denn es ist nicht naturgemäß.

不耐煩，時不時會發作，接著讓人自尋煩惱。

> Ungeduld ist es, die den Menschen von Zeit zu Zeit
> anfällt, und dann beliebt er sich unglücklich zu
> finden.

握有正義和擁有耐心之人，時機一定會到來。

> Wer das Recht hat und Geduld, für den kommt
> auch die Zeit.

世界不是用粥糜做的，
所以不要把自己當成小懶泥
現實很硬很難咬：
不想噎著，就要好好消化它！

> Die Welt ist nicht aus Brei und Mus geschaffen,
> deswegen haltet euch nicht wie Schlaraffen;
> harte Bissen gibt es zu kauen:
> wir müssen erwürgen oder sie verdauen.

年輕的時候總相信，自己能為人們築出美麗的宮殿，但
到了這時候，滿手做不完的事，還要為別人留下的餘糞

收拾殘局。

> In der Jugend traut man sich zu, daß man den Menschen Paläste bauen könne, und wenn's um und an kömmt, so hat man alle Hände voll zu tun, um ihren Mist beiseite bringen zu können.

我所享有的名氣和地位沒帶給我什麼別的，唯有可以，為了不傷害人，對他人的想法保持沉默。實際上，這恐怕已成了惡劣的玩笑，要不是我有這樣的優勢，我可以感知別人的想法，但他們卻無法知道我的。

> Mit all meinem Namen und Stande habe ich es nicht weiter gebracht, als daß ich, um nicht zu verletzen, zu der Meinung anderer schweige. Dieses würde nun in der Tat ein sehr schlechter Spaß sein, wenn ich dabei nicht den Vorteil hätte, daß ich erfahre, wie die anderen denken, aber sie nicht, wie ich.

端詳大師之作，
我看見大師所為；
看著我身邊雜七雜八的物件，
我看見自己應要有所為。

> Seh ich die Werke der Meister an,
> so seh ich das, was sie getan;
> betracht ich meine Siebensachen,
> seh ich, was ich hätt sollen machen.

並非天賦異稟，亦非靈光乍現，更非出人意表，一蹴而就，而是努力不懈，我才終於能達成令人欣慰的結果。

> Nicht also durch eine außerordentliche Gabe des Geistes, nicht durch eine momentane Inspiration, noch unvermutet und auf einmal, sondern durch folgerechtes Bemühen bin ich endlich zu einem so erfreulichen Resultate gelangt.

我會變成怎樣的人，要是我從未學會如何尊重別人的想法！

> Was wäre aus mir geworden, wenn ich nicht gelernt hätte, die Meinung anderer zu respektieren!

我總是讓自己遠離哲學；健全理性的人會有的立場，就是我的觀點。

> Von der Philosophie habe ich mich selbst immer
> frei gehalten; der Standpunkt des gesunden
> Menschenverstandes war auch der meinige.

世上沒有比自然更偉大的。

> Nichts ist groß als das Natürliche.

願上帝持續幫助我們，賜予我們光明，使我們不會成為
自己路途上的阻礙，讓我們從早到晚都做好該做的事，
讓我們看清前因後果，概念更清晰！……願純粹的想
法，溜到嘴邊陳述時，能在心中更加明朗！

> Gott helfe weiter und gebe Lichter, daß wir uns
> nicht selbst soviel im Wege stehn! Lasse uns vom
> Morgen bis Abend das Gehörige tun und gebe uns
> klare Begriffe von den Folgen der Dinge! ... Möge
> die Idee des Reinen, die sich bis auf den Bissen,
> erstreckt, den ich in den Mund nehme, immer
> lichter in mir werden!

心中對藝術和生活的最高準則，不應妥協一絲一毫。但

在日常活動裡，情願折衷看待，也不願誤會善意或對美好的事物挑剔。

> Man muß von den höchsten Maximen der Kunst und des Lebens in sich selbst nicht abweichen, auch nicht ein Haar, aber in der Bewegung des Tages will ich lieber etwas Mittleres gelten lassen als das Gute verkennen oder auch nur daran mäkeln.

卓越的事物不應該被批判和討論，應要享受它，並在虔靜中冥思。

> Das Vortreffliche sollte durchaus nicht bekrittelt noch besprochen, sondern genossen und andächtig im stillen bedacht werden.

我的建議是，在那些沒有生產力、發懶不想動的時候，就不要強求了，要想做點什麼，到時候又使樂趣全消。「您說出了我自己也時常經歷，並有所感的事，不但真實、完全正確，且值得尊敬。不過在我看來，人似乎可以透過自然的方式來提振創作精神，也算不上強求。在我的生活中也常會遇到過於複雜的狀況，沒人有辦法下定決心。在這種情況下，只要幾杯葡萄酒下肚，我就頓

時清楚，知道自己該做什麼，並立刻做出決定。下定決心，倒也可以算是一種創造力，而如果幾杯酒可以引起這樣美好的效果，倒也不必摒棄。」

我不會反對您的想法；不過我先前所言也有道理，可見真理之光可比鑽石，並非只朝一面投射，而是向多方折射。您既然對我的《東西詩集》有所認識，您可定記得我曾說過：酒酣過後，便曉道理。可見我完全同意您的說法。確實葡萄酒裡蘊藏激發創造力的力量，而且特別有用；不過也看是在什麼情況、什麼時間喝，而有利於我的，也可能有害於他。有種飄渺的生產力，存在於休息與睡眠中，存在於活動中。同時存在於水中，更存在於空氣之中，空氣清新的開闊田野，才是我真正所屬之地；上帝精神的氣息撫向我們，神聖的力量在那兒也得以發揮。

Mein Rat ist, nichts zu forcieren und alle unproduktiven Tage und Stunden lieber zu vertändeln und zu verschlafen, als in solchen Tagen etwas machen zu wollen, woran man später keine Freude hat. –

»Sie sprechen etwas aus, was ich selbst sehr oft erfahren und empfunden und was man sicher als durchaus wahr und richtig zu verehren hat. Aber doch will mir scheinen, als ob wohl jemand durch natürliche Mittel seine produktive Stimmung steigern könnte, ohne sie gerade zu forcieren. Ich war in meinem Leben sehr oft in dem Fall, bei gewissen komplizierten Zuständen zu keinem rechten Entschluß kommen zu können. Trank ich aber in solchen Fällen einige Gläser Wein, so war es mir klar, was zu tun sei, und ich war auf der Stelle entschieden. Das Fassen eines Entschlusses ist aber doch auch eine Art Produktivität, und wenn nun einige Gläser Wein diese Tugend bewirken, so dürfte ein solches Mittel doch nicht ganz zu verwerfen sein.«

Ihrer Bemerkung will ich nicht widersprechen; was ich aber vorhin sagte, hat auch eine Richtigkeit, woraus wir denn sehen, daß die Wahrheit wohl einem Diamant zu vergleichen wäre, dessen Strahlen nicht nach einer Seite gehen, sondern nach vielen. Da Sie übrigens meinen ›Diwan‹ so gut kennen, so wissen Sie, daß ich selber gesagt habe: Wenn man getrunken hat, weiß man das Rechte, und daß ich Ihnen also vollkommen beistimme. Es liegen im Wein allerdings produktivmachende Kräfte sehr bedeutender Art; aber es kommt dabei alles auf Zustände und Stunde an, und was dem einen nützt, schadet dem anderen. Es liegen ferner produktivmachende Kräfte in der Ruhe und im Schlaf; sie liegen aber auch in der Bewegung. Es liegen solche Kräfte im Wasser und ganz besonders in der Atmosphäre. Die frische Luft des freien Feldes ist der eigentliche Ort, wo wir hingehören; es ist als ob der Geist Gottes dort den Menschen unmittelbar anwehte und eine göttliche Kraft ihren Einfluß ausübte.

神所召喚之人，屢屢果敢而行，他的座右銘是：我敢，而不是：我可以嗎？我能做到嗎？誰可以幫我？會發生什麼事？不然這世上，什麼事都不會發生。

> Kühn handelt jedesmal der Gottberufene; ich hab's gewagt, ist sein Wahlspruch, nicht darf ich? kann ich? Wer steht mir bei? wird's auch werden? Sonst geschähe in der Welt nichts.

錯誤在行為中來回反覆發生，因此必須不倦地重複將真理言說。

> Der Irrtum wiederholt sich immerfort in der Tat, deswegen muß man das Wahre unermüdlich in Worten wiederholen.

我保證能誠實以待，不保證沒有偏袒。

> Aufrichtig zu sein kann ich versprechen, unparteiisch zu sein aber nicht.

要抵抗他人的強大優勢，唯一的解方就是愛。

Gegen große Vorzüge eines andern gibt es kein Rettungsmittel als die Liebe.

每個偉大的想法，有如福音般降臨人世，頑固迂腐之人認為它惱人；沒那麼有學問的人覺得它愚蠢。

Jede große Idee, die als ein Evangelium in die Welt tritt, wird dem stockenden pedantischen Volke ein Ärgernis und einem Viel-, aber Leichtgebildeten eine Torheit.

每個想法出現時都像是陌生賓客來到，當想法開始去實現，想像或幻想就沒什麼分別了。

Eine jede Idee tritt als ein fremder Gast in die Erscheinung, und wie sie sich zu realisieren beginnt, ist sie kaum von Phantasie und Phantasterei zu unterscheiden.

所有偉大和聰穎的特質，只為少數人所有。

Alles Große und Gescheite existiert in der Minorität.

世上若有奇蹟發生，只會透過充滿愛的純粹的心靈讓它
實現。

> Wenn ein Wunder in der Welt geschieht, geschieht's
> durch liebevolle, reine Herzen.

別多想，跟隨你的感覺去行動。

> Bedenke nicht; gewähre, wie du's fühlst.

因為人啊，在動盪的時代，心靈也因而動盪
所以糟糕的事情層出不窮，鋪天蓋地，
但能堅持堅定的信念之人，能打造一番天地。

> Denn der Mensch, der zur schwankenden Zeit auch
> schwankend gesinnt ist,
> der vermehrt da Übel und breitet es weiter und
> weiter;
> aber wer fest auf dem Sinn beharrt, der bildet die
> Welt sich.

啊！我們竟然忘了該怎麼跟隨心中純粹而悄然的指引。

Ach, daß wir doch, dem reinen stillen Wink des
Herzens nachzugehen so sehr verlernen!

須臾—永恆

Vergänglichkeit – Ewigkeit

我們的心口上有個神靈，悄聲對我們說，悄悄地，卻清晰地，向我們展示，什麼該取，什麼該逃。

> Ganz leise spricht ein Gott in unserer Brust, ganz
> leise, ganz vernehmlich, zeigt uns an, was zu
> ergreifen ist und was zu fliehn.

放棄，不一定都是損失。

> Man verliert nicht immer, wenn man entbehrt.

失去**財產**——失去了一些！
須即刻檢討，
然後去賺新的。
失去**榮耀**——失去了好多！
須爭取名譽，
讓世人重新看待你。
失去**信心**——失去了所有！
那還不如不要出生。

> *Gut* verloren – etwas verloren!
> Mußt rasch dich besinnen
> und neues gewinnen.
> *Ehre* verloren – viel verloren!

> Mußt Ruhm gewinnen,
> da werden die Leute sich anders besinnen.
> *Mut* verloren – alles verloren!
> Da wäre es besser, nicht geboren.

天命有千百種方法，扶起倒下的人，攙扶伏地、虛弱的人。有時候我們的命運像是一顆冬日的果樹。看著果樹蕭索的模樣，誰能想得到，那些生硬的樹幹、尖銳的樹枝，到了下個春天，將會再次長出綠葉、開花，最後結實累累！但願我們能早知道。

> Die Vorsehung hat tausend Mittel, die Gefallenen zu erheben und die Niedergebeugten aufzurichten. Manchmal sieht unser Schicksal aus wie ein Fruchtbaum im Winter. Wer sollte bei dem traurigen Ansehen desselben wohl denken, daß diese starren Äste, diese zackigen Zweige im nächsten Frühjahr wieder gründen, blühen, sodann Früchte tragen könnten! Doch wir hoffen's, wir wissen's.

希望幫助我們生活。

> Die Hoffnung hilft uns leben.

早一點或是晚一點發生，對這世界來說一點也沒差。

> Ein bißchen früher oder später tut doch in der Welt nichts.

遺忘，這個天賜的崇高的稟賦，我向來珍惜、利用，並有意識地用來提昇自我。於是，論及命運、愛人、友人、敵人帶來的打擊時，果敢而善良的人早就把這些事，拋在腦後了。

> Das Vergessen, diese hohe Gottesgabe, habe ich von jeher zu schätzen, zu nützen und zu steigern gewußt. Wenn also von Schlägen und Püffen die Rede ist, wo mit uns das Schicksal, womit uns Liebchen, Freunde, Gegener geprüft haben, so ist das Andenken derselben beim resoluten, guten Menschen längst hinweggescheucht.

只有曾是過最纖敏的人，才可能會變成最冷酷無情之人；因為他必須要穿上堅硬的鎧甲，好確保自己能抵禦不溫柔的對待。而通常也會被自己的鎧甲給壓垮！

> Nur der am empfindlichsten gewesen ist, kann der Kälteste und Härteste werden; denn er muß sich mit einem harten Panzer umgeben, um sich vor den unsanften Berührungen zu sichern. Und oft wird ihm selber dieser Panzer zur Last!

要怎麼認識自己？透過觀察絕無可能，而是要透過行動。試著去履行職責，就會了解自己有哪些特質。

> Wie kann man sich selbst kennenlernen? Durch Betrachten niemals, wohl aber durch Handeln. Versuche, deine Pflicht zu tun, und du weißt gleich was an dir ist.

有人問：「你們那麼認真讀荷馬做什麼？你們又不會懂得他。」對此我答道：我也不懂得太陽、月亮和星星；但當它們自我頂上升起，在我觀看日月星辰奇妙而規律且令人驚奇的運行時，也在其中認出自己，然後為此思考，是否自己也能有些許相似的成就。

> Jemand sagte: »Was bemüht ihr euch um den Homer? Ihr versteht ihn doch nicht.« Darauf antwortet ich: Versteh ich doch auch Sonne, Mond und Sterne nicht; aber sie gehen über meinem Haupt hin, und ich erkenne mich in ihnen, indem ich sie sehe und ihren regelmäßigen wunderbaren Gang betrachte, und denke dabei, ob auch wohl etwas aus mir werden könnte.

信念，是充滿活力、大膽行動和不斷進步的人，才能留下的遺產；缺乏信念，則是軟弱、小心眼、退步且自限之人的特點。

> Der Glaube ist ein Erbteil energischer, großtätiger fortschreitender Naturen; der Unglaube das Eigentum schwacher, kleingesinnter, zurückschreitender, auf sich selbst beschränkter Menschen.

人如其神，

所以神常常被拿來開玩笑。

> Wie einer ist, so ist sein Gott,
> darum ward Gott so oft zu Spott.

讓我們自由的，並非自信什麼都無法超越自己，而是，去尊敬那些超越自己的事物。透過尊敬，說明了我們的內在擁有更崇高的價值，因而將我們提升到能與其平起平坐的層次。

> Nicht das macht frei, daß wir nichts über uns anerkennen wollen, sondern eben, daß wir etwas verehren, das über uns ist. Denn indem wir es verehren, heben wir uns zu ihm hinauf und legen durch unsere Anerkennung an den Tag, daß wir selber das Höhere in uns tragen und wert sind, seinesgleichen zu sein.

如果有人問我，我的本性中，是否存有對基督的崇敬之情，我會如此答道：當然！我向他屈膝，因他揭示了道德的最高準則。如果有人問我，我的本性中，是否尊敬太陽，我依然會如此答道：當然！因為太陽揭示了最高的存在，是地球上的子民們，所能感受到最強大的存在。我在陽光下祈禱著，我們、植物還有動物，賴以生存、交織且存在的光明與生命力。

> Fragt man mich, ob es in meiner Natur sei, der Person Christi anbetende Ehrfurcht zu erweisen, so sage ich: durchaus! Ich beug mich vor ihm als der göttlichen Offenbarung des höchsten Prinzips der Sittlichkeit. Fragt man mich, ob es in meiner Natur sei, die Sonne zu verehren, so sage ich abermals: durchaus! Denn sie ist gleichfalls eine Offenbarung des Höchsten, und zwar die mächtigste, die uns Erdenkindern wahrzunehmen vergönnt ist. Ich anbete in ihr das Licht und die zeugende Kraft Gottes, wodurch allein wir leben, weben und sind, und alle Pflanzen und Tiere mit uns.

「我信神！」多麼褒美的一句話；但地上人間之幸，實為能在各處以不同方式認出上帝。

»Ich glaube einen Gott!« Dies ist ein schönes, löbliches Wort; aber Gott anerkennen, wo und wie er sich offenbare, das ist eigentlich die Seligkeit auf Erden.

你沒看見上帝嗎？在每個靜謐的泉水邊，每棵繁花盛開的樹下，祂用慈愛的溫暖與我相遇。

Siehst du Gott nicht? An jeder stillen Quelle, unter jedem blühenden Baum begegnet er mir in der Wärme seiner Liebe.

人們如此對待上帝，彷彿這位無法理解、無法想像的、至高無上之存在，與他們自己沒什麼區別。否則他們不會稱祂：上帝先生、親愛的上帝、好心的上帝。祂對於人們，特別是神職人員，成了每天嘴裡不假思索唸禱的一句話、一個名字，而真的感受到其偉大之人，應當沉默無語，出於敬畏而不敢呼其名。

Die Leute traktieren Gott, als wäre das unbegreifliche, gar nicht auszudenkende höchste Wesen nicht viel mehr als ihresgleichen. Sie würden sonst nicht sagen: der Herr Gott, der liebe Gott, der

> gute Gott. Er wird ihnen, besonders den
> Geistlichen, die ihn täglich im Munde führen, zu
> einer Phrase, zu einem bloßen Namen, wobei sie
> sich auch gar nichts denken. Wären sie aber
> durchdrungen von seiner Größe, sie würden
> verstummen und ihn vor Ehrfurcht nicht nennen
> können.

此般俗麗有何意義？

引起靈魂的嘲弄嗎？

當我們走進自然裡，

登高，神就在那裡。

> Was soll all der Prunk bedeuten?
> Regt er nicht der Seele Spott?
> Wenn wir in das Freie schreiten,
> auf den Höhen, da ist Gott.

我自始至終詛咒偽善的信徒。

> Die Frömmler habe ich von jeher verwünscht.

我欽佩那些超越我的事物，並不加以評判。

> Ich bewundere, was über mir ist, ich beurteile es nicht.

顯微鏡和望遠鏡，其實擾亂了人類純粹的感知。

> Mikroskope und Fernrohre verwirren eigentlich den reinen Menschensinn.

對思考中的人來說，最美的樂事即，探究可探究之事，對不可探究的事，就尊敬以待。

> Das schönste Glück des denkenden Menschen ist, das Erforschliche erforscht zu haben und das Unerforschliche ruhig zu verehren.

親愛的上帝若向我們揭示大自然的所有秘密，將會使我們無比難堪，因無動於衷又百般無聊的我們，將不知該做什麼才好。

> Der liebe Gott könnte uns recht in Verlegenheit setzten, wenn er uns die Geheimnisse der Natur sämtlich offenbarte, wir wüßten von Unteilnahme und Langerweile nicht, was wir anfangen sollten.

誰會想要馬上了解事物的全貌呢？
等雪融了，便會知曉。

> Wer will denn alles gleich ergründen!
> Sobald der Schnee schmilzt, wird sich's finden.

這種事再努力也沒用！
是玫瑰就會開花。

> Hier hilft nun weiter kein Bemühn!
> Sind Rosen, und sie werden blühn.

很多人對事物的轉瞬即逝感到大驚小怪，並沉迷於世俗的虛無，我對他們感到惋惜。若人生在世，正是為了將須臾化為永恆，我們若想如此，就要懂得同時珍惜兩者，須臾與永恆。

> Ich bedaure die Menschen, welche von der
> Vergänglichkeit der Dinge viel Wesens machen und
> sich in Betrachtung irdischer Nichtigkeit verlieren;
> sind wir ja eben deshalb da, um das Vergängliche
> unvergänglich zu machen; das kann ja nur dadurch
> geschehen, daß man beides zu schätzen weiß.

沒有事物只是須臾，
不論它如何發生！
我們是為了成為永恆
才在這兒。

> Nichst vom Vergänglichen,
> wie's auch geschah!
> Uns zu verewigen,
> sind wir ja da.

不朽的證據，人人都應存在心裡，且不可輕易轉讓。自
然中的一切充滿更迭，但在變動身後，永恆安然存在。

> Den Beweis der Unsterblichkeit muß jeder in sich
> tragen, außer dem kann er nicht gegeben werden.
> Wohl ist alles in der Natur Wechsel, aber hinter
> dem Wechselnden ruht ein Ewiges.

人的靈魂，
如水一般：
從天而降，
回升上天，
再次落下，

滲入土壤，

恆常替換。

> Des Menschen Seele
> gleicht dem Wasser:
> vom Himmel kommt es,
> zum Himmel steigt es,
> und wieder nieder
> zur Erde muß es,
> ewig wechselnd.

無限裡，同樣的事物，

無盡地重複流過，

上千樑柱

齊力撐起拱頂，

生命之樂自萬物湧現，

從天上最小的到最大的星星，

所有掙扎與角力，

皆化作永恆的安寧，在上帝懷中。

> Wenn im Unendlichen dasselbe
> sich wiederholend ewig fließt,
> das tausendfältige Gewölbe
> sich kräftig ineinander schließt,
> strömt Lebenslust aus allen Dingen,
> dem kleinsten wie dem größten Stern,

> und alles Drängen, alles Ringen
> ist ewig Ruh in Gott dem Herrn.

人們能從小孩那裡學習到如何生活，如何變得有福。

> Von den Kindern kann man leben lernen und selig
> werden.

我相信，我們內心中自有一束永恆之光的火苗，在存在的本質裡發光，而我們微弱的感官只能遙遠感覺其存在。讓這束火苗在心中化為火焰，並實踐我們心中的神性，即是我們最高尚的責任。

> Ich glaube, daß wir einen Funken jenes ewgen
> Lichts in uns tragen, das im Grunde des Seins
> leuchten muß und welches unsere schwachen Sinne
> nur von ferne ahnen können. Diesen Funken in uns
> zur Flamme werden zu lassen und das Göttliche in
> uns zu verwirklichen, ist unsere höchste Pflicht.

每個人都必須選擇自己的英雄，跟隨著他的腳步攀上奧林帕斯山。

Ein jeglicher muß seinen Helden wählen, dem er die Wege zum Olymp hinauf sich nacharbeitet.

一位有才幹之人，立志在此有所成就，故而日日努力奮鬥，身體力行。任憑未來的世界如何，只為此世所忙碌，並為其所用。

Ein tüchtiger Mensch, der schon hier etwas Ordentliches zu sein gedenkt und der daher täglich zu streben, zu kämpfen und zu wirken hat, läßt die künftige Welt auf sich beruhen und ist tätig und nützlich auf dieser.

做得開心，做完了也開心，就是幸福。

Wer freudig tut und sich des Getanen freut, ist glücklich.

喜悅為一切美德之母。

Freudigkeit ist die Mutter aller Tugenden.

謙遜和謹慎是我們行事中最必要的品格。

> Demut und Bedächtigkeit sind die notwendigsten
> Eigenschaften unserer Schritte.

人生中最有價值的莫過於那些寧靜而神聖的時光。這些
時光是健全、強大、澄澈且富有創造力的思想、文字、
行動的泉源。創造、良善、高貴的作為，皆自這樣的深
處奔騰湧出。

> Das Wertvollste im Menschenleben sind die stillen
> heiligen Stunden. Sie sind ja die Brunnenstube aller
> gesunden, starken, kristallklaren, schöpferischen
> Gedanken, Worte, Taten. Aus diesen Urtiefen quillt
> und treibt das Schöpferische, Gute, Edle herauf.

啊，當陋室裡
再次燈火通明，
我們的心情明朗，
能在心中認清自我。
理智重新開始對話，
希望之花再次綻放；
於是渴求著人生的涓涓細流，

啊！渴望生命的泉源！

> Ach, wenn ich in unsrer engen Zelle
> die Lampe freundlich wieder brennt,
> dann wird's in unserm Busen helle,
> im Herzen, das sich selber kennt.
> Vernunft fängt wieder an zu sprechen,
> und Hoffnung wieder an zu blühn;
> man sehnt sich nach des Lebens Bächen,
> ach! Nach des Lebens Quelle hin.

人所能擁有的最高境界即為，不為情所動的那種寧靜、
愉悅，與內在的平和。

> Das Höchste, was der Mensch besitzen kann, ist
> jene Ruhe, jene Heiterkeit, jener innere Friede, die
> durch keine Leidenschaft beunruhigt werden.

想要快樂的人，就要穩住血壓。

> Wer Freude will, besänftige sein Blut.

在生活中那些我們經常蒙上陰影的日子裡，
上帝賜給我們痛苦的補償，

讓我們習於望向天空：

陽光、德性、美好。

> Zu unseres Lebens oft getrübten Tagen
> gab uns ein Gott Ersatz für alle Plagen,
> daß unser Blick sich himmelwärts gewöhne:
> den Sonnenschein, die Tugend und das Schöne.

人始終無法認識自我，始終未曾將自己當作純粹的客體來看待。他人對我的了解遠勝於我自己，我只能從與外界世界的連結，認識、評價自己，因而有所侷限。所有對自我認識的追尋，不論是牧師還是道德教義所傳授的，都無法讓我們在人生中向前推進，既不會帶來結果，亦不會使內在真正改善。

> Der Mensch kann sich nie selbst kennenlernen, sich nie rein als Objekt betrachten. Andre kennen mich besser als ich mich selbst. Nur meine Bezüge zur Außenwelt kann ich kennen und richtig würdigen lernen, darauf sollte man sich beschränken. Mit allem Streben nach Selbsterkenntnis, das die Priester, das die Moral uns predigen, kommen wir nicht weiter im Leben, gelangen weder zu Resultaten noch zu wahrer innerer Besserung.

關於我們的境遇，我們推諉給上帝，歸咎於魔鬼，卻忘了──謎底其實在我們自身之中，因我們是兩個世界的產物。

> Unsere Zustände schreiben wir bald Gott, bald dem Teufel zu und fehlen ein – wie das anderemal: in uns selbst liegt das Rätsel, die wir Ausgeburt zweier Welten sind.

如果愛情和友情令人感到幸福，我們的心在廣闊的世界裡就會無所求，那你和人們之間，就會處在一個良善的狀態。

> Wenn man in Liebe und Freundschaft glücklich ist, daß unser Herz in der weiten Welt nichts zu suchen braucht, so hat man mit den Menschen einen guten Stand.

抓得越緊，抓到的越少。正因我們對於外在世界，僅有些微的影響力，我們才應該將所有的愛與氣力，灌注在一個最小的範圍中。一棟小房子、一座小花園，兩三位親愛的人，很少的物品，少一點控制，少一點奮力──這樣就對了。

> Wer festhalten will, darf nur weniges umfassen. Da wir immer nur eine geringe Mahct über die Außenwelt haben, sollten wir alle unsere Kraft und Liebe in einem kleinsten Bezirke versammeln: ein Häuschen und Gärtchen, zwei oder drei liebe Menschen, wenig Besitz, wenig Herrschaft, wenig Getreibe – das ist das Rechte.

我是和平之子，想和全世界和平共處，因為我已和自己和解。

> Ich bin ein Kind des Friedens und will Frieden halten für und für mit der ganzen Welt, da ich ihn einmal mit mir selbst geschlossen habe.

想要打造美好的生活，
就別去煩惱過去，
若是你曾失去了什麼的話，
始終當作重獲新生般地活，
日常所需，你應提問，
日常所需，自會應答；
嘉獎自己之所為，
珍惜他人之所為，

尤其，切勿憎恨任何人，

剩下的事都交給神。

> Willst du dir ein gut Leben zimmern,
> mußt ums Vergangne dich nicht bekümmern,
> und wäre dir auch was verloren,
> mußt immer tun wie neugeboren;
> was jeder Tag will, sollst du fragen,
> was jeder Tag will, wird er sagen;
> mußt dich an eignem Tun ergötzen,
> was andre tun, das wirst du schätzen;
> besonders keinen Menschen hassen
> und das übrige Gott überlassen.

面對人生，我們花了太多力氣去作準備。我們並不立即
開始，在適當狀態下讓自己安適，卻想不斷擴展，愈走
愈遠，使生活變得越來越不愜意。

> Wir machen viel zu viel vorarbeitenden Aufwand
> aufs Leben. Anstatt daß wir gleich anfingen, uns
> in einem mäßigen Zustand behaglich zu finden, so
> gehen wir immer mehr ins Breite, um es uns immer
> unbequemer zu machen.

我已習慣，四海為家。

Ich habe mir angewöhnt, überall zu Hause zu sein.

沒人知道，他安然享有的一切，能維持多久。

Niemand weiß, wie lang er es hat, was er ruhig besitzt...

活在當下！永恆的生命！

Leben im Augenblick! Leben in der Ewigkeit!

完美的事物必先與我們有共鳴，才能將我們逐漸提升到完美的層次。

Das Vollkommene muß uns erst stimmen, und uns nach und nach zu sich hinaufheben.

愚昧從未離我們而去；然而更高層次的需求
總能將努力不懈的靈魂，輕輕引向真理。

> Irrtum verläßt uns nie; doch ziehet ein höher Bedürfnis
> immer den strebenden Geist leise zur Wahrheit hinan.

當我們做好內在的、份內的事，外在的事自然會得到解決。

> Wenn wir nach innen das Unsrige getan haben, so wird sich das Nachaußen von selbst geben.

最大的困難往往就在那裡，我們沒有追尋過的地方。

> Die größten Schwierigkeiten liegen da, wo wir sie nicht suchen.

把不可能之事，當作可能之事來面對。

> Das Unmögliche behandeln, als wenn es möglich wäre.

我們不會因時勢所逼而渺小，除非事態將我們擊倒。

> Wir sind nicht klein, wenn Umstände uns zu schaffen machen, nur wenn sie uns überwältigen.

一件事若可以做上兩次，通常都能完美解決。

> Es ließe sich alles trefflich schlichten, könnte man die Sachen zweimal verrichten.

生活就是要當彼此的快樂之泉，不要當彼此的智者。

> Laßt uns einander zur Freude leben und nicht zu weise werden!

人可以活過三百歲，如果每天就只管好自己的事。

> Man wird dreihundert Jahre alt und drüber wenn man nur alle Tage seine Sachen redlich macht.

儘管人類愚蠢又困惑，但在一個更高的引導下，最終還是會抵達幸福的目標。

> Der Mensch gelangt trotz aller Dummheiten und Verwirrungen, von einer höheren Hand geleitet, doch zum glücklichen Ziele.

神已為每個人指出其人生道路。

> Ein Gott hat jedem seine Bahn vorgezeichnet.

認真，充滿神聖之心，就能讓生命走向永恆。

> Der Ernst, der heilige, macht allein das Leben zur Ewigkeit.

藝術——自然之光

Kunst – Das Licht der Natur

當大自然開始揭開它顯而易見的秘密時，人們會感受到一種無法抵擋的渴望，朝向大自然最可敬的**詮釋者**——**藝術**！

> Wem die Natur ihr offenbares Geheimnis zu enthüllen anfängt, der empfindet eine unwiderstehliche Sehnsucht nach ihrer würdigsten *Auslegerin*, der *Kunst*!

一件真正的藝術品，如同一件大自然的傑作，在一般常理看來，是無窮盡的；它被觀看，被感受；它影響我們，但其實它的本質，很少能被看清，它的價值優點，也難以被言說。

> Ein echtes Kunstwerk bleibt, wie ein Naturwerk, für unsern Verstand immer unendlich; es wird angeschaut, empfunden; es wirkt, es kann aber nicht eigentlich erkannt, viel wenig sein Wesen, sein Verdienst mit Worten ausgesprochen werden.

每個藝術家心中，都有株大膽的小苗，沒有它，天賦是難以想像的。尤其當有能力的人受到限制，且被用來達到某些片面的目的時，還會變得特別莽撞。

> In jedem Künstler liegt ein Keim von Verwegenheit, ohne den kein Talent denkbar ist, und dieser wird besonders rege, wenn man den Fähigen einschränken und zu einseitigen Zwecken dingen und brauchen will.

每一種高超的創造力，每一個重要的洞見，每一項發明，每一個具有成果和影響的偉大思想，都不受制於誰的力量，且超越了所有世俗之力量。這類事物被人類視為上天賜予的意外的禮物，有如上天純淨的孩子，於是心懷感激與喜悅，充滿敬意地收下它。

> Jede *Produktivität höchster* Art, jedes bedeutende Aperçu, jede Erfindung, jeder große Gedanke, der Früchte bringt und Folge hat, steht in niemandes Gewalt und ist über alle irdische Macht erhaben. Dergleichen hat der Mensch als unverhoffte Geschenke von oben, als reine Kinder Gottes zu betrachten, die er mit freudigem Dank zu empfangen und zu verehren hat.

除了藝術，沒什麼能讓我們如此安然地避世；也沒有什麼能讓我們如此安然地入世。

> Man weicht der Welt nicht sicherer aus als durch die Kunst, und man verknüpft sich nicht sicherer mit ihr als durch die Kunst.

藝術無非大自然之光。

> Die Kunst ist nichts anders als das Licht der Natur.

真實的生活經常失去它的光采，有時需要替它漆上虛構的色彩。

> Das wirkliche Leben verliert oft dergestalt seinen Glanz, daß man es manchmal mit dem Firnis der Fiktion wieder auffrischen muß.

藝術建立在一種宗教意涵上，一種深刻、難以動搖的嚴肅性，這亦是為何藝術與宗教可以相互融合在一起。

> Die Kunst ruht auf einer Art von *religiösem Sinn*, auf einem tiefen, unerschütterlichen Ernst, weswegen sie sich auch so gern mit der Religion vereinigt.

藝術作品中蘊含著許多**傳統**，大自然的傑作卻總像上帝脫口說出的一句話。

> Es ist viel *Tradition* bei den Kunstwerken; die Naturwerke sind immer wie ein erstausgesprochenes Wort Gottes.

詩人身在高處，根本無需結**黨**。因為他擁有愉悅的情致與意識，這兩個美好的天賦，他為此感謝造物主：意識，讓他面對可怖時不致驚惶，愉悅的情致，讓他知道如何愉快地呈現一切。

> Der Dichter steht viel zu hoch, als daß er *Partei* machen sollte. Heiterkeit und Bewußtsein, das sind die beiden schönen Gaben, für die er dem Schöpfer dankt: Bewußtsein, daß er vor dem Furchtbaren nicht erschrecke, Heiterkeit, daß er alles erfreulich darzustellen wisse.

要寫散文，得言之有物；無話可說之人，也能押韻作對，讓文字排列組合，最後呈現出什麼，即使什麼也沒有，只是看起來**好像**有點什麼。

> Um *Prosa* zu schreiben, muß man etwas zu sagen haben; wer aber nichts zu sagen hat, der kann doch Verse und Reime machen, wo denn ein Wort das andere gibt und zuletzt etwas herauskommt, das zwar nicht *ist*, aber doch aussieht, als *wäre* es was.

其實，只有那些我們無法**評價論斷**的書，才能讓我們從中有所學。若是我們能夠評斷某書作者，恐怕他才該向我們學習呢。

> Eigentlich lernen wir nur von Büchern, die wir nicht *beurteilen* können. Der Autor eines Buches, das wir beurteilen können, müßte von uns lernen.

最優秀的詩人，若是在構思時，只一心想著讀者大眾，渴望的是名聲，諸如在新聞界成名，而不是掛念著他的作品主題實現，他就**失格**了。

> Der beste Dichter *artet* aus, wenn er bei seiner Komposition ans Publikum denkt und mehr von der Begierde nach Ruhm, zumal Journalistenruhm, als von seinem Gegenstand erfüllt ist.

A：你說，為什麼沒有報紙讓你滿意開心？

B：我就不愛，它只為時間效勞。

> A: Sag mir, warum dich keine Zeitung freut?
> B: Ich liebe sie nicht, sie dienen der Zeit.

每天在五十個不同的城市發行那些引起大眾八卦、大肆抨擊的報章雜誌，真不是件健康的事。今天，誰要是無法完全自制並與之隔絕，肯定會迷失自我。這種欠缺美感又罵聲連連的報紙，在人群中形成了一種類文化，對於具有創造性天賦才能之人，這可是一種惡意的迷霧，從天而降的毒素，不只摧毀樹木的創造生長力，也侵蝕著一切，從點綴的綠葉，滲入到年輪深處，連最隱密的纖維也不放過。

> Die täglich an fünfzig verschiedenen Orten erscheinenden kritischen Blätter und der dadurch im Publikum bewirkte Klatsch lassen nichts Gesundes aufkommen. Wer sich heutzutage nicht ganz davon zurückhält und sich nicht mit Gewalt isoliert, ist verloren. Es kommt zwar durch das schlechte, größtenteils negative ästhetisierende und kritisierende Zeitungswesen eine Art Halbkultur in die Massen, allein dem hervorbringenden Talent ist es ein böser Nebel, ein fallendes Gift, das den Baum seiner Schöpfungskraft zerstört, vom grünen

> Schmuck der Blätter bis in das tiefste Mark und die
> verborgenste Faser.

藝術的尊嚴，也許在**音樂**的領域最為顯著，因為音樂沒有需要扣除的素材。光是音樂的形式與型態，便使所欲表達的一切昇華。

> Die Würde der Kunst scheint bei der *Musik*
> vielleicht am eminentesten, weil sie keinen Stoff hat,
> der abgerechnet werden müßte. Sie ist ganz Form
> und Gestalt und erhöht und veredelt alles, was sie
> ausdrückt.

我這幾天讀到一封莫札特寫的信，是他寫給一位寄了一些自己做的曲子來的伯爵，信中他是這麼寫道的：「你們這些業餘的半吊子真是欠人教訓，你們啊，通常就分兩種：要麼沒自己的想法，於是挪用他人的；要麼雖然有自己的想法，但是不知該拿它怎麼辦。」這話不是說得很妙嗎？莫札特這句有關音樂的至理名言，難道不也適用於其他藝術？

Ich habe dieser Tage einen Brief von Mozart gelesen, wo er einem Baron, der ihm Kompositionen zugesendet hatte, etwa folgendes schreibt: ›Euch Dilettanten muß man schelten, denn es finden bei Euch gewöhnlich zwei Dinge statt: entweder Ihr habt keine eigenen Gedanken, und da nehmet Ihr fremde; oder wenn Ihr eigene Gedanken habt, so wißt Ihr nicht damit umzugehen.‹ Ist das nicht himmlisch? und gilt dieses große Wort, was Mozart von der Musik sagt, nicht von allen übrigen Künsten?

真正的**詩歌**之所以不同凡**響**，是因為它有如世間的福音，透過內在的歡欣，外在的愜意，知道如何讓我們從壓在身上的世俗重擔下解放。又有如氣球，帶著我們，連同掛在身上的負荷，往高處攀升，以鳥瞰的視角，看著地上，那些在我們面前，令人困惑、縱橫的歧路。最熱鬧繽紛的作品，如同最嚴肅的作品，都有著相同的目的，透過喜悅與機智的呈現，減輕慾望帶來的痛苦。

Die *wahre Poesie* kündet sich dadurch an, daß sie, als weltliches Evangelium, durch innere Heiterkeit, durch äußeres Behagen uns von den irdischen Lasten zu befreien weiß, die auf uns drücken. Wie ein Luftballon hebt sie uns mit dem Ballast, der uns anhängt, in höhere Regionen und läßt die

> verwirrten Irrgänge der Erde in Vogelperspektive
> vor uns entwickelt daliegen. Die muntersten wie die
> ernstesten Werke haben den gleichen Zweck, durch
> eine glückliche, geistreiche Darstellung so Lust als
> Schmerz zu lindern.

如果在我看書的時候，有人跑來**看我在讀什麼**的話，我
簡直像是被撕成兩半。

> Wenn mir jemand beim Lesen *ins Buch sieht*, so ist
> mir immer, als wenn ich in zwei Stücke zerrissen
> würde.

一個好的藝術作品，能夠也可能造成道德上的影響力，
但是要求藝術家帶有**道德意圖**去創作，就是要他糟蹋自
己的技藝。

> Ein gutes Kunstwerk kann und wird zwar
> moralische Folgen haben, aber *moralische Zwecke*
> vom Künstler fordern, heißt, ihm sein Handwerk
> vererben.

把信留下來，只為了別再讀一次。最終，人們出於謹慎，毀掉這些信，於是這些最優美、最直接的生活氣息，就這樣消逝一去不復返了。對我們還有其他人都一樣……如果我們有心，將朋友們的獨特見解，原創觀點，叨絮卻機敏的話語，一一記下，我們該有多富有啊！

> *Briefe* hebt man auf, um sie nie wieder zu lesen. Man zerstört sie zuletzt einmal aus Diskretion, und so verschwindet der schöste, unmittelbarste Lebenshauch unwiederbringlich für uns und andre... Nähmen wir uns die Mühe, aus den Briefen unserer Freunde eigentümliche Bemerkungen, originelle Ansichten, flüchtigen, geistreiche Worte aufzuzeichnen, wo würden wir sehr reich werden.

離世後，若想留下點什麼有用的東西的話，那只能是誠實的**自白**了。把自身當作一個單獨個體來闡述，表達我們的思想，而後世之人便可從中尋獲所需，或得到普世通用的觀點。

> Wenn man der Nachwelt etwas Brauchbares hinterlassen will, so müssen es *Konfessionen* sein; man muß sich als Individuum hinstellen, wie man's meint, und die Folgenden mögen sich heraussuchen, was ihnen gemäß ist und was im allgemeinen gültig sein mag.

詩人一旦想要有政治上的影響力，就必須結黨，一旦他這麼做了，就不再是詩人了；他必須向他自由的精神與不受限制的眼界告別；取而代之的是，頭上扣著的一頂狹隘外加盲目仇恨的帽子。詩人作為一個人和公民，自然會愛他的祖國，但他詩意的能量與影響力所歸屬的家鄉，是那些善良、高貴和美好的事物，它們不隸屬哪一省或是哪一國，不相連結，如此才是他們能信手拈來，理解與描繪之處。所以說，詩人像老鷹一般，以自由的眼光，翱翔在諸國之上，不問牠即將撲向的兔子，是在普魯士還是薩克遜。那麼怎樣叫做愛自己的祖國，怎樣算愛國？若一位詩人畢生用盡全力與殘害人心的誤解搏鬥，消除狹隘的觀點，啟發人心，使人們的品味純淨，提點人們的思維：他還能怎麼做得更好？他還能怎樣展現更愛國呢？

Sowie ein Dichter politisch wirken will, muß er sich einer Partei hingeben, und sowie er diese tut, ist er als Poet verloren; er muß seinem freien Geiste, seinem unbefangenen Überblick Lebenwohl sagen und dagegen die Kappe der Borniertheit und des blinden Hasses über die Ohren ziehen. Der Dichter wird als Mensch und Bürger sein Vaterland lieben, aber das Vaterland seiner poetischen Kräfte und seines poetischen Wirkens ist das Gute, Edle und Schöne, das an keine besondere Provinz und an kein besonderes Land gebunden ist, und das er ergreift und bildet, wo er es findet. Er ist darin dem Adler gleich, der mit freiem Blick über Ländern schwebt, und dem es gleichviel ist, ob der Hase, auf den herabschießt, in Preußen oder in Sachsen läuft. Und was heißt denn: sein Vaterland lieben, und was heißt denn: patriotisch wirken? Wenn ein Dichter lebenslänglich bemüht war, schädliche Vorurteile zu bekämpfen, engherzige Ansichten zu beseitigen, den Geist seines Volkes aufzuklären, dessen Geschmack zu reinigen und dessen Gesinnungs- und Denkweise zu veredeln: was soll er denn da besseres tun? Und wie soll er denn da patriotischer wirken?

只要普通一般的事物，誰都可以模仿我們；但我們的特別之處，沒人模仿得來。為什麼？因為那是別人從未體驗過的。不過也不必害怕這些特殊之處無法引起共鳴、好評。每個特質，不論再特立獨行，每個可表述的物，從石頭到人類，都有普通的地方。因為萬物皆會重複，世界上不存在一種絕無僅有，只存一回的事物。於是光是個體的展現，即人們所謂的創作的開端。

Solange man sich im Allgemein hält, kann es uns jeder nachmachen; aber das Besondere macht uns niemand nach. Warum? Weil es die andern nicht

> erlebt haben. Auch braucht man nicht zu fürchten,
> daß das Besondere keinen Anklang finde. Jeder
> Charakter, so eigentümlich er sein möge, und
> jedes Darzustellende, vom Stein herauf bis zum
> Menschen, hat Allgemeinheit; denn alles wiederholt
> sich, und es gibt kein Ding in der Welt, das nur
> einmal da wäre. Auf dieser Stufe der individuellen
> Darstellung beginnt dann zugleich dasjenige, was
> man Komposition nennt.

這世界，一直以來，相信著盧克麗霞[4]和斯卡沃拉[5]的貞
潔與英勇，並為之熱切、受其鼓舞。但現在歷史學家卻
說，這些人物從沒真正活過，都只是偉大的羅馬人虛構
的神話人物。我們該拿這悲慘的事實怎麼辦？但要是羅
馬人如此偉大，可以杜撰出這樣的東西，那我們至少也
有能相信這些話的偉大吧。

---

4 盧克麗霞（Lucretia），羅馬傳說裡的人物。羅馬貴族柯萊丁（Lucius
  Tarquinius Collatinus）美麗的妻子，因受羅馬暴君塔坤紐斯‧蘇培布斯
  （Lucius Tarquinius Superbus）之子賽克斯圖斯（Sextus Tarquinius）欺侮，
  為保全自身貞節而自刎。她的忠貞操守，為後人所歌頌。

5 斯卡沃拉（Gaius Mucius Scävola），羅馬傳說裡的英雄。在西元 509 年，
  羅馬與伊特魯里亞戰役中，他將右手伸進火焰中，展示他英勇無畏的決
  心。此舉使伊特魯里亞的國王波賽納驚嘆，因而撤兵，拯救了羅馬。

> Bis her glaubte die Welt an den Heldensinn
> einer Lucretia, eines Mucius Scävola, und ließ
> sich dadurch erwärmen und begeistern. Jetzt
> aber kommt die historische Kritik und sagt,
> daß jene Personen nie gelebt haben, sondern als
> Fiktionen und Fabeln anzusehen sind, die der
> große Sinn der Römer erdichtete. Was sollen
> wir aber mit einer so ärmlichen Wahrheit?
> Und wenn die Römer groß genug waren, so etwas
> zu erdichten, so sollen wir wenigstens groß genug
> sein, daran zu glauben.

這是一種對群眾錯誤的縱容，操縱群眾，給他們想要的感受，而非他們應有的。

> Es ist eine falsche Nachgiebigkeit gegen die Menge,
> wenn man ihnen die Empfindungen erregt, die sie
> haben wollen, und nicht, die sie haben sollen.

新的時代裡，最具原創性的作家，之所以如此，不是因為他真的創造出了什麼新東西，而是因為他有能力，把同樣的話，說得讓你覺得未曾聽過一樣。

> Die originalsten Autoren der neuesten Zeit sind es
> nicht deswegen, weil sie etwas Neues hervorbringen,
> sondern allein weil sie fähig sind, dergleichen Dinge
> zu sagen, als wenn sie vorher niemals wären gesagt
> gewesen.

這肯定是糟糕的藝術，若能讓人一眼看穿，連剛踏進門
只瞧一眼的人，都能理解其最深的含義的話。

> Das müßte gar eine schlechte Kunst sein, die
> sich auf einmal fassen ließe, deren Letztes von
> demjenigen gleich geschaut werden könnte, der
> zuerst hereintritt.

在當作家的職業生涯中，我從來沒有問過：大眾想看什
麼，該如何從中受益？而只是想著如何讓自己更有見
識、更好，提升自己的人格內涵，然後說出我所認為的
善與真。當然，我不想說謊，我的作品影響了好大一群
人並受益；但這不應該是目的，而是自然之力所形成的，
整體必然之果。

> Ich habe in meinem Berufe als Schriftsteller nie gefragt: was will die große Masse, und wie nütze ich dem Ganzen, sondern ich habe immer nur dahin getrachtet, mich selbst einsichtiger und besser zu machen, den Gehalt meiner eigenen Persönlichkeit zu steigern, und dann immer nur auszusprechen, was ich als gut und wahr erkannt hatte. Dieses hat freilich, wie ich nicht leugnen will, in einem großen Kreise gewirkt und genützt; aber dieses war nicht Zweck, sondern ganz notwendige Folge, wie sie bei allen Wirkungen natürlicher Kräfte stattfindet.

如果在公開發行作品之前，完全沒有得到讚許的話，那就糟了！

> Wer bei seinen Arbeiten nicht schon ganz seinen Lohn dahin hat, ehe das Werk öffentlich erscheint, der ist übel daran.

當藝術創作無所謂題材，變得既純粹又絕對，而主題充其量只是個載體時，就登峰造極了。

> Wo der Kunst der Gegenstand gleichgültig, sie rein absolut wird, der Gegenstand nur der Träger ist, da ist die höchste Höhe.

平庸無法建立品味，頂尖才行。

> Den Geschmack kann man nicht am Mittelgut bilden, sondern nur am Allervorzüglichsten.

對那些業餘的人來說，藝術家是不可或缺的存在；因為他們在藝術家身上，看見了自己的存在被填補：藝術愛好者的夢想，在藝術家身上也得以實踐。

> Dem Dilettanten ist die Nähe der Künstlers unerläßlich; denn er sieht in diesem das Komplement seines eigenen Daseins: die Wünsche des Liebhabers erfüllen sich im Artisten.

人們對於藝術家是誰以及他身在何處，比起他創作了什麼，更感興趣。

> Wer Künstler sei, und wo er sich aufhalte, interessiert die Menschen mehr, als was er gemacht hat.

這是多麼困難的事啊，去細細的欣賞，那些看來自然而然的事物，像是美好的大自然、一幅出色的畫作，傾聽

歌唱的歌唱，為演員的演員魂而讚嘆，為建築的和諧與歷久而喜悅！其實當見到藝術傑作時，人們都把它們視為尚未塑型的黏土，能依照他們的喜好、想法、奇想而塑製變形，同理，建築物亦可拉伸或壓縮；一幅畫作應能教化人心，一場戲劇應寓教於樂，一切都應該蘊含別的意思。但事實上，因為人類的存在本身，並不具形式，無法給自身與存在賦予型態，所以人極力攫取物的形式，好讓一切的形體都流於鬆散，使自己能住進其中。人們最終把一切約化為效果，一切都是相對的：雖說一切都是相對的，但荒謬和庸俗除外，而此二者卻掌控著人們。

Wie schwer ist es, was so natürlich scheint, eine gute Natur, ein treffliches Gemälde, an und für sich beschauen, den Gesang um des Gesanges willen zu vernehmen, den Schauspieler im Schauspieler zu bewundern, sich eines Gebäudes um seiner eigenen Harmonie und seiner Dauer willen zu erfreuen! Nun sieht man aber meist die Menschen entschiedene Werke der Kunst geradezu behandeln, als wenn es ein weicher Ton wäre. Nach ihren Neigungen, Meinungen und Grillen soll sich der gebildete Marmor sogleich wieder ummodeln, das festgemauerte Gebäude ausdehnen oder zusammenziehen; ein Gemälde soll lehren, ein Schauspiel bessern, und alles soll anders werden.

> Eigentlich aber, weil die Menschen selbst formlos sind, weil sie sich und ihrem Wesen selbst keine Gestalt geben können, so arbeiten sie, den Gegenständen ihre Gestalt zu nehmen, damit ja alles loser und lockerer Stoff werde, wozu sie auch gehören. Alles reduzieren sie zuletzt auf den sogenannten Effekt, alles ist relativ: und so wird auch alles relativ, außer dem Unsinn und der Abgeschmacktheit, die denn auch ganz absolut regieren.

在所有評價中（在德語文學界裡），幾乎只分對詩人的善意與惡意，然而這種選邊站的嘴臉，卻比任一種諷刺漫畫更令我厭惡。

> Fast bei allen Urteilen (in der deutschen Literatur) waltet nur der gute oder böse Wille gegen die Poeten, und die Fratze des Parteigeistes ist mir mehr zuwider, als irgendeine ander Karikatur.

藝術家一旦達到了某個絕倫的高度，這個作品是否比那個作品更佳，便再也無所謂了。
因為行家永遠能看出大師的手筆、才華和技藝。

> Sobald ein Künstler zu einer gewissen Höhe von Vortrefflichkeit gelangt ist, wird es ziemlich gleichgültig, ob eins seiner Werke etwas vollkommener geraten ist, als ein anderes. Der Kenner sieht in jedem doch immer die Hand des Meisters und den ganzen Umfang seines Talents und seiner Mittel.

如果一個現代人，想批評一位偉大無比的古人（比如索福克勒斯）的錯誤，那除了跪在膝上說，別無他法。

> Wenn ein moderner Mensch an einem so großen Alten (wie Sophokles) Fehler zu rügen hätte, so sollte es billig nicht anders geschehen, als auf den Knien.

我們的老康德之於這個世界，真有無法估量的貢獻啊，如果我可以這麼說的話，之於我也是。他在他的《判斷力批判》之中，藝術與自然是並列的，承認看待這兩者皆可以無目的而為之。自然與藝術如此之大，無需追求目的，也無需目的，一切都相繫連結，生活即相繫。

> Es ist ein grenzenloses Verdienst unsres alten Kant um die Welt, und ich darf auch sagen, um mich, daß er in seiner Kritik der Urteilskraft Kunst und Natur nebeneinander stellte und beiden das Recht zugesteht, zwecklos zu handeln. Natur und Kunst sind zu groß, um auf Zwecke auszugehen, und haben's auch nicht nötig, denn Bezüge gibt's überall, und Bezüge sind das Leben.

想要指責某個作家的晦暗不明時，應該先檢視自己的內在，看看自己內心是否也真的明亮。因為在昏暗的光線下，再清晰的文字也會變得不可辨識。

> Wer einem Autor Dunkelheit vorwerfen will, sollte erst sein eigenes Innere beschauen, ob es denn da auch recht hell ist. In der Dämmerung wird eine sehr deutliche Schrift unlesbar.

最糟糕的事是，人們在生活中受到許多錯誤的傾向所阻。人們始終沒有察覺這點，直到擺脫它們之後，才能意識到。錯誤的傾向造成的結果是沒有生產力，即使有，也沒有任何價值。察覺別人錯誤的傾向一點都不難，但要察覺自己的，卻是另一回事，需要極大的精神自由。

> Das Schlimmste ist, daß man im Leben soviel durch falsche Tendenzen ist gehindert worden, und daß man nie eine solche Tendenz erkannt, als bis man sich bereits davon frei gemacht. Die falsche Tendenz ist nicht produktiv, und wenn sie es ist, so ist das Hervorgebrachte von keinem Wert. Dieses an Andern gewahr zu werden, ist nicht so gar schwer, aber an sich selber ist es ein eigenes Ding und will eine große Freiheit des Geistes.

我唯一的慰藉：真正偉大的天賦才能，不會引人走向歧路或毀滅。

> Mein Trost ist nur, daß ein wirklich großes Talent nicht irrezuleiten und nicht zu verderben ist.

如果想要成就某事，就應該振作起來，少管別人在做什麼。

> Wenn man etwas vor sich bringen will, muß man sich knapp zusammennehmen und sich wenig um das kümmern, was andere tun.

偉大的心靈和弱小的心靈，最主要的差別在於前者的作

品是獨立的，無需顧慮他人所完成的，顯出決意與永恆共存；而弱小的心靈透過拙劣的模仿，讓自身的貧乏與狹隘，表露無遺。

> Der große Geist unterscheidet sich vom kleinen hauptsächlich darin, daß sein Werk selbstständig ist, daß es ohne Rücksicht auf das, was andre getan haben, mit seiner Bestimmung von Ewigkeit her zu koexistieren scheint; da der kleine Kopf durch übel angebrachte Nachahmung seine Armut und seine Eingeschränktheit auf einmal manifestiert.

天賦才能還得靠外在環境，遑論那種出生高貴，家財萬貫的。在某種中庸的環境下，天賦發展的彈性最廣；這也是為什麼，所有偉大的藝術家和詩人，都出生於中產階級。

> Jedes Talent ist durch die Außenwelt geniert, geschweige eins bei hoher Geburt und großem Vermögen. Ein gewisser mittlerer Zustand ist dem Talent bei weitem zuträglicher; weshalb wir denn auch alle großen Künstler und Poeten in den mittleren Ständen finden.

在自我成長與工作上，越是追求自然與藝術最嚴格的要求，卻越少能從外界得到純然的共鳴。

因此，最令人備感欣慰、安心且受到鼓舞的，是朋友在一路上相遇、相伴的保證。

> Je mehr bei seiner Bildung und bei seinen Arbeiten nur auf die strengsten Forderungen der Natur und der Kunst achtet, desto seltener kann man sich einen reinen Wiederklang von außen versprechen. Sehr tröstlich, beruhigend und aufmunternd ist daher die Versicherung des Freundes, der uns auf unsern Wegen gerne begleiten und begegnen mag.

噢！ 觀眾是多麼高興呀！還以為自己很聰明：認為自己抓到了精髓。業餘愛好者、行家也差不多。實在難以想像，這些人有多自得其樂，於此同時，優秀的藝術家總在自謙。最近，聽本身無所作為的門外漢大肆批評，實在令我感到難以言喻的反感。

> Oh, wie sind die Zuschauer so glücklich! Sie dünken sich so klug: sie finden sich was Recht's.
> So auch die Liebhaber, die Kenner. Man glaubt nicht, was das ein behaglich Volk, indes der gute Künstler immer klein laut bleibt. Ich habe aber auch neuerdings ein Ekel, jemanden urteilen zu hören, der nicht selbst arbeitet, daß ich es nicht ausdrücken kann.

這樣的例子在文學作品中常見，仇恨取天才而代之，卑劣的德性因幫腔作勢而顯要。人生中有好些人亦是如此，他們不夠格蘇世獨立；於是拉黨結派，壯大自己，好讓自己成為一號人物。

> Man findet häufige Proben in der Literatur, wo der Haß das Genie ersetzt, und wo geringe Talente bedeutend erscheinen, indem sie als Organ einer Partei auftreten. So auch findet man im Leben eine Masse von Personen, die nicht Charakter genug haben, um allein zu stehen; diese werfen sich gleichfalls an eine Partei, wodurch sie sich gestärkt fühlen und nun eine Figur machen.

作家的筆觸，是內心忠實的印記。想要寫出清晰洞察的風格，首先要有清晰洞察的靈魂。想要寫出偉大的風格，必須要有偉大的品格。

> Im ganzen ist der Stil eines Schriftstellers ein treuer Abdruck seines Innern: will jemand einen klaren Stil schreiben, so sei es ihm zuvor klar in seiner Seele; und will jemand einen großartigen Stil schreiben, so habe er einen großartigen Charakter.

詩歌確實蘊含某種魔力，尤其是無意識的創作，既能達到理智和理性皆無法觸及的境界，也因此超越了所有已知的概念。

> In der Poesie ist durchaus etwas Dämonisches, und zwar vorzüglich in der unbewußten, bei der aller Verstand und alle Vernunft zu kurz kommt, und die daher auch so über alle Begriffe wirkt.

作家和讀者之間，有一道鴻溝相隔，所幸兩方都沒有意識到這點。

> Autoren und Publikum sind durch eine ungeheure Kluft getrennt, wovon sie, zu ihrem Glück beiderseits keinen Begriff haben.

藝術在談什麼，比藝術如何創作，更令人感興趣；藝術的單一部分也許可以理解，藝術的整體卻難以掌握。於是作品中，有好些部分會特別突出，對此若用心觀察，整體的效果也並沒有消失，只是難以察覺。

> Das Was des Kunstwerks interessiert die Menschen mehr als das Wie; jenes können sie einzeln ergreifen, dieses im ganzen nicht fassen. Daher kommt das Herausheben von Stellen, wobei zuletzt, wenn man wohl aufmerkt, die Wirkung der Totalität auch nicht ausbleibt, aber jedem unbewußt.

我成功寫完了浮士德的第二部分。我很早就知道，我想要怎麼寫，這麼多年來，我心裡始終藏著一個童話，偶而會將引起我注意的段落分別完成。現在這個第二部分，應該不會像第一部分那麼零散，所呈現的較有邏輯，如您在書的開頭所看到的那般。現在只需要有強而有力的決心，繼續把作品完整呈現，讓這書能立在有學養的人前面也站得住腳。於是它現在就成了該成的那樣。要是其中有些問題揭示，沒有提出清楚的解釋，將會使那些懂得我的意圖、暗示、提點的人感到高興。其實這些人可以找到的暗示，肯定比我所能給得更多。

Es ist mir gelungen, den zweiten Teil des Faust in sich selbst abzuschließen. Ich wußte schon lange her, was ja sogar wie ich's wollte, und trug es als ein inneres Märchen seit so vielen Jahren in mir herum, führte aber nur die einzelnen Stellen aus, die mich von Zeit zu Zeit näher anmuteten. Nun sollte und konnte dieser zweite Teil nicht so fragmentarisch sein als der erste. Der Verstand hat mehr Recht daran, wie Sie ja auch schon an dem davon gedruckten Anfang gesehen haben. Nun bedurfte es zuletzt einen recht kräftigen Entschluß, das Ganze zusammenzuarbeiten, daß es vor einem gebildeten Geiste bestehen könne. Da steht es nun, wie es auch geraten sei. Und wenn es noch Probleme genug enthält, keineswegs jede Aufklärung darbietet, so wird es doch denjenigen erfreuen, der sich auf

Meine, Wink und leise Hindeutung versteht. Er
wird sogar mehr finden, als ich geben konnte.

我的東西不會變成流行受歡迎；要是想著受歡迎，還為
此有所追求，那可就大錯特錯了。我的作品不為大眾，
而是為特定的人所寫，他們想要的、追尋的，與我相似，
也往類似的方向追求意義。

……仔細想來，難道不是所有超然卓越的東西都是如
此？莫札特是因此而受歡迎的嗎？那拉斐爾呢？——
這個世界面對這些豐沛的精神泉源的態度，不正如貪
饞之人，有事沒事取用幾口，好暫時提供給自己更高的
養分？

Miene Sachen können nicht popular werden; wer
daran denkt und dafür strebt, ist in einem Irrtum.
Sie sind nicht für die Masse geschrieben, sondern
nur für einzelne Menschen, die etwas Ähnliches
wollen und suchen und die in ähnlichen Richtungen
begriffen sind.
... Und, recht besehen, ist es nicht nur mit allen
außerordentlichen Dingen so? Ist denn Mozart
popular? Und ist es denn Raffael? – Und verhält
sich nicht die Welt gegen so großen Quellen
überschwenglichen geistigen Lebens überall nur
wie Naschende, die froh sind, hin und wieder ein

Weniges zu erhaschen, das ihnen eine Weile eine höhere Nahrung gewähre?

人到老時，對世事的看法與年輕時有所不同。我無法擺脫這個想法，有一群魔鬼們為了要挑弄人心，時不時會置入一些特定的角色。這些角色如此迷人以至於，每個人都想要成為他，卻又因為對方太傑出，無法企及。惡魔將拉斐爾放入人間，其所思、所為，無不完美，某些後生晚輩，勉強能稍稍接近，卻沒人能趕上他。惡魔將莫札特帶進人世，讓他成為音樂界無可比擬的神童，莎士比亞則成詩意的翹楚。我知道，您可以說些什麼來反駁我，但我只是想談談那自然本身形塑而成的，偉大的自然天性。

Wenn man alt ist, denkt man über die weltlichen Dinge anders, als da man jung war. So kann ich mich des Gedankens nicht erwehren, daß die Dämonen, um die Menschheit zu necken und zum besten zu haben, mitunter einzelne Figuren hinstellen, die so anlockend sind, daß jeder nach ihnen strebt, und so groß da0 niemand sie erreicht. So stellten sie den Raffael hin, bei dem Denken und Tun gleich vollkommen war; einzelne treffliche Nachkommen haben sich ihm genähert, aber erreicht hat ihn niemand. So stellten sie den Mozart

> hin als etwas Unerreichbares in der Musik. Und so in der Poesie Shakespeare. Ich weiß, was Sie mir gegen diesen sagen können, aber ich meine nur das Naturell, das groß Angeborene der Natur.

好奇怪，我說（艾克曼[6]），在所有的天賦之中，音樂的天賦最早表露天機，莫札特在五歲時，貝多芬在八歲時，胡梅爾在九歲時，就以演奏與作曲的表現使周遭為之驚艷。

「音樂的天賦」，歌德說，「得以最早顯露，是因為音樂是屬於先天與內在的，無需外界的豐沛滋養，也無需借助生命的體驗。不過像莫札特那樣的天才出現，當然是毫無疑問的奇蹟，一直如此。而上帝若想我們能處處見到奇蹟，自然就得要不時在出類拔萃的人身上動點腦筋，讓我們驚喜，卻不知所以。」

> Merkwürdig ist, sagte ich [Eckermann], daß sich von allen Talenten das musikalische am frühesten zeige, so daß Mozart in seinem fünften, Beethoven in seinem achten und Hummel in seinem neunten Jahre schon die nächtste Umgebung durch Spiel und Kompositionen in Erstaunen setzen.
> »Das musikalische Talent«, sagte Goethe, »kann

6　艾克曼（J. P. Eckermann 1792-1854），德國作家。因撰寫《歌德對話錄》（Gespräche mit Goethe in den letzten Jahren seines Lebens）而聞名。

sich wohl am frühesten zeigen, indem die Musik ganz etwas Angeborenes, Inneres ist, das von außen keiner großen Nahrung und keiner aus dem Leben gezogenen Erfahrung bedarf. Aber freilich, eine Erscheinung wie Mozart bleibt immer ein Wunder, das nicht weiter zu klären ist. Doch wie wollte die Gottheit überall Wunder zu tun Gelegenheit finden, wenn sie es nicht zuweilen in außerordentlichen Individuen versuchte, die wir anstaunen und nicht begreifen, woher sie kommen. «

關於自然

Über die Natur

大自然！我們被她環繞、環抱 —— 既無法脫身，又無法深入其中。沒有預兆，她把我們拉進她的迴旋舞，領著我們前進，直到我們疲倦不堪，從大自然的臂膀中滑落。

> Natur! Wir sind von ihr umgeben und umschlungen – unvermögend aus ihr herauszutreten und unvermögend tiefer in sie hineinzukommen. Ungebeten und ungewarnt nimmt sie uns in den Kreislauf ihres Tanzes auf und treibt sich mit uns fort, bis wir ermüdet sind und ihrem Arme entfallen.

自從半個世紀前，不論是在家鄉還是國外，大家都視我為一位詩人，不論什麼情況。然而我對大自然本身與其中的種種有機現象，有著極大的興趣關注，也默默專心致力觀察大自然，為此思考，持續且熱衷。然而這點卻不為人所知，對此關注或感興趣的人更為稀少。

> Seit länger als einem halben Jahrhundert kennt man mich, im Vaterlande und wohl auch auswärts, als Dichter und läßt mich allenfalls als einen solchen gelten; daß ich aber mit großer Aufmerksamkeit mich um die Natur in ihren allgemein physischen und ihren organischen Phänomenen emsig bemüht und ernstlich angestellte Betrachtungen stetig

und leidenschaftlich im stillen verfolgt, dieses ist nicht so allgemein bekannt, noch weniger mit Aufmerksamkeit bedacht worden.

大自然依循著永恆、必然，因而神聖的法則運行，這點就連上帝本身可能都無法改變。

Die Natur wirkt nach ewigen, notwendigen, dergestalt göttlichen Gesetzen, daß die Gottheit selbst daran nichts ändern könnte.

當大自然懷有厭惡之情時，會大聲宣告；不該出現的，都不會出現；活得不對的，會提早毀滅。無果、貧瘠的存在、早夭，是大自然的詛咒，是其嚴厲的表徵。但大自然只透過直接的後果，執行懲戒。在修道院的靜謐，與世俗的喧囂中，無數被推崇且以為神聖的作為，承載著她的詛咒。她憂傷地垂眼看向安逸的散漫、過度的工作、任性的奢靡，如同看待困境與匱乏。她召喚節制，於是一切再度相連，她的所有作為再次回歸平靜。

Wenn die Natur verabscheut, so spricht sie es laut aus; das Geschöpf, das nicht sein soll, kann nicht werden; das Geschöpf, das falsch lebt, wird früh zerstört. Unfruchtbarkeit, kümmerliches Dasein, frühzeitiges Verfallen, das sind ihre Flüche, die Kennzeichen ihrer Strenge. Nur durch unmittelbare Folgen straft sie. In der Stille des Klosters und im Geräusche der Welt sind tausend Handlungen geheiligt und geehrt, auf denen ihr Fluch ruht. Auf bequemen Müßiggang so gut als überanstrengte Arbeit, auf Willkür und Überfluß, wie auf Not und Mangel sieht sie mit traurigen Augen nieder. Zur Mäßigkeit ruft sie; wahr sind alle ihre Verhältnisse und ruhig alle ihre Wirkungen.

大自然不只抗衡生理上的疾患，還回覆精神的弱點；在面對不斷增加險境之際，給予我們更強大的勇氣。

Die Natur reagiert nicht bloß gegen die leibliche Krankheit, sondern auch gegen die geistigen Schwächen; sie sendet in der steigenden Gefahr stärkenden Mut.

大自然有如略帶輕浮的年輕女孩，用千百種挑逗吸引我們，但就在我們以為擁有她的那一刻，她卻從我們懷中

溜走，而我們抓住的只是一道倩影。

> Die Natur ist ein etwas kokettes junges Mädechen,
> das uns an sich lockt durch tausend Neckereien;
> aber in dem Augenblick, wo man glaubt sie zu
> besitzen, entzieht sie sich unserm Arm und wir
> umfassen nur einen Schatten.

身處大自然中的難處在於：何以看見那些不為我們所見的法則，同時不為與感知相悖的現象所惑。因為大自然之中時常存在與我們的感知矛盾的現象，卻千真萬確。像是太陽其實亙古不移，既不會升起也不會落下，反而是地球日日以難以想像的速度在滾動，這和我們的感知如此南轅北轍，卻沒有任何受過教育的人，對此懷疑過。這樣悖離感知的現象，在植物界也有，而我們必須像頭上頂著帽子行走那樣，小心地防範自己誤入歧途。

> Das Schwierige bei der Natur ist: das Gesetz auch
> da zu sehen, wo es sich uns verbrint, und sich nicht
> durch Erscheinungen irremachen zu lassen, die
> unsern Sinnen widersprechen. Denn es widerspricht
> in der Natur manches den Sinnen und ist doch
> wahr. Daß die Sonne stillstehen, daß sie nicht auf
> und untergehe, sondern daß die Erde sich täglich
> in undenkbarer Geschwindigkeit herumwälze,
> widerspricht den Sinnen so stark wie etwas, aber

doch zweifelt kein Unterrichteter, daß es so sei. Und so kommen auch widersprechende Erscheinungen im Pflanzenreiche vor, wobei man sehr auf seiner Hut sein muß, sich dadurch nicht auf falsche Wege leiten zu lassen.

要是沒有高度的想像天賦，哪來偉大的自然學家。我指的不是那種虛無飄渺的想像力，幻想並不存在的東西；而是那種不離實地，藉由真實與已知的尺規，去驗證預測或推測事物的那種能力。這樣的想像天賦，使人得以推敲，這個推測是否可能，又是否與已知的法則相矛盾。這樣的想像天賦，需要一顆博學而冷靜的腦袋，還有對生命世界及其法則的通盤了解。

Ohne die hohe Gabe der Einbildungskraft ist ein wirklich großer Naturforscher gar nicht zu denken. Ich meine nicht eine Einbildungskraft, die ins Vage geht und sich Dinge imaginiert, die nicht existieren; sondern in meine eine solche, die den wirklichen Boden der Erde nicht verläßt und mit dem Maßstabe des Wirklichen und Erkannten zu geahndeten, vermuteten Dingen schreitet. Da mag sie denn prüfen, ob denn dieses Geahndete auch möglich sei, und ob es nicht in Widerspruch mit

今天在海邊，看到了海螺和寄居蟹熙來攘往，為此感到由衷的喜悅。這些活力四射的小生命還真是如此美味又美好呀！如其狀態，恰如其分，恰如其真，恰如其是！

清晨，山谷、山脈與花園
自晨霧中揭開面紗，
在熱切的期盼中
花萼填上了色彩；
天上浮雲飄盪，
與晴空角力，
一道東風，驅散了雲朵，

為太陽鋪了一條蔚藍大道；

接著你會心懷感謝，盡情享受目光所見，
以純潔的心靈感謝
那偉大、溫柔的存在，
等到太陽散發橘紅的光芒照耀，
將地平線周邊都染成金色的弧線。

Früh, wenn Tal, Gebirg und Garten
nebelschleiern sich enthüllen,
und dem sehnlichsten Erwarten
Blumenkelche bunt sich füllen;
Wenn der Äther Wolken tragend,
mit dem klaren Tage streitet,
und ein Ostwind, sie verjagend,
blaue Sonnenbahn bereitet;

dankst du dann, am Blick dich weidend,
reiner Brust der Großen, Holden,
wird die Sonne, rötlich scheinend,
Rings den Horizont vergolden.

一切發明與發現，從更高的意義來看，都是對原初的真理感受，進行別具意義的演練、實踐與確認。這些感受早已默默成形，但在不經意間，以閃電般的速度，化為

認知的成果。這是一個由內而生，由外得證的啟示，使人可以隱約感受到與神的相似性。這種世界與精神的天人合一，為存在的永恆和諧，提供最幸福的保證。

Alles, was wir Erfinden, Entdecken im höheren Sinne nennen, ist die bedeutende Ausübung, Bestätigung eines originalen Wahrheitsgefühles, das, im stillen längst ausgebildet, unversehens, mit Blitzesschnelle zu einer fruchtbaren Erkenntnis führt. Es ist eine aus dem Innern am Äußern sich entwickelnde Offenbarung, die den Menschen seine Gottähnlichkeit vorahnen läßt. Es ist eine Synthese von Welt und Geist, welche von der ewigen Harmonie des Daseins die seligste Versicherung gibt.

大自然不懂得什麼玩笑，永遠是如此真實，永遠嚴肅、永遠嚴厲，而且永遠是對的，而錯誤和迷惑的永遠是人為的。它鄙視不完善的一切，只在臻滿、真實與純潔中，向人道出、揭示它的秘密。邏輯理解力也無法企及自然的高度，人們必須能將理智提升到最高處，才能在原初的現象，在物體與精神中，碰觸到隱藏在那背後，從中衍生的神性。神性在活著的生命之中發揮作用，然而在死亡中則否。神性也在即將發生的和正在轉變的生命之中，而不眷顧那已經成形或早已僵化的事物。因此趨近神性的理智，只關乎將來與其展現的生命力，而邏輯理

解則是為已完成的，僵化的事物所用。舉例來說，礦物學就是一門邏輯、可理解的學問，為的是實用的生活，因為它研究的對象為已死之物，不再生長之物，且無關乎天人合一的美事。

Die Natur versteht gar keinen Spaß, sie ist immer wahr, immer ernst, immer strenge, sie hat immer recht, und die Fehler und Irrtümer sind immer des Menschen. Den Unzulänglichen verschmäht sie, und nur dem Zulänglichen, Wahren und Reinen ergibt sie sich und offenbart ihm ihre Geheimnisse. Der Verstand reicht zu ihr nicht hinauf, der Mensch muß fähig sein, sich zur höchsten Vernunft erheben zu können, um an die Gottheit zu rühren, die sich in Urphänomenen, physischen wie sittlichen, offenbaret, hinter denen sie sich hält, und die von ihr ausgehen. Die Gottheit aber ist wirksam im Lebendigen, aber nicht im Toten; sie ist im Werdenden und sich Verwandelnden, aber nicht im Gewordenen und Erstarrten. Deshalb hat auch die Vernunft in ihrer Tendenz zum Göttlichen es nur mit dem Werdenden, Lebendigen zu tun, der Verstand mit dem Gewordenen, Erstarrten, daß er es nutze. Die Mineralogie ist daher eine Wissenschaft für den Verstand, für das praktische Leben, denn ihre Gegenstände sind etwas Totes, das nicht mehr entsteht, und an eine Synthese ist dabei nicht zu denken.

對大自然的研究學習，是令人讚嘆的。我們面對的是無盡且永恆的真理，那些既不純粹又不誠實地觀察或對待所研究的自然對象的人，將因不足而被摒除。同時我也確信，某些有好辯毛病的患者，在研究學習大自然的過程中，可以得到良善的解方。

> Ich lobe mir das Studium der Natur. Hier haben wir es mit dem unendlich und ewig Wahren zu tun, das jeden, der nicht durchaus rein und ehrlich bei Beobachtung und Behandlung seines Gegenstandes verfährt, so gleich als unzulänglich verwirft. Auch bin ich gewiß, daß mancher dialektisch Kranke im Studium der Natur eine wohltätige Heilung finden könnte.

生命不論在迷你的老鼠中，還是在龐然的大象裡，照樣存在，而且總是一模一樣；在最細微的青苔上和最高大的棕櫚樹上亦是如此。若大自然無法將大環境中最微小的，我們甚至無法察覺的事物，收攏及安頓，又該怎麼開始並滿足其無限的目標呢？

> Das Leben kehrt ebensogut in der kleinsten Maus wie im Elefantenkoloß ein und ist immer dasselbe; so auch im kleinsten Moos wie in der größten Palme. Verstünde die Natur nicht, auch

從尊貴的皇家高地，向下眺望迷人的山谷，符合人性需求的種種正在發生，同時也在所有廣大的土地重複發生。我看見村莊裡農舍聚集，以花叢、樹林相隔，一條小河蜿蜒劃過草原，勤勞的人們正忙於乾草的豐收。堰壩、磨坊、橋梁接續相連，道路在高低起伏中相互連貫。另一頭，田野延伸到植滿耕作的山丘上，直到陡峭的森林邊緣，隨作物播種與成熟，而呈現五彩繽紛的景象。灌木叢在這兒和那兒，三兩成群，有時聚成一塊舒涼的庇蔭。一排排的果樹，是最令人愉悅的景象，為了讓想像力不乏渴求之物，緩坡上還有層層疊疊，年年新耕的葡萄酒園呢！

Wiesen zieht, wo eben eine reichliche Heuernte
die Emsigen beschäftigt; Wehr, Mühle, Brücke
folgen auf einander, die Wege verbinden sich
auf- und absteigend. Gegenüber erstreckten
sich Felder an wohlbebauten Hügeln bis an die
steilen Waldungen hinan, bunt anzuschauen nach
Verschiedenheit der Aussaat und des Reifegrades.
Büsche, hie und da zerstreut, dort zu schattigen
Räumen zusammengezogen. Reihenweis auch
den heitersten Anblick gewährend, seh' ich
große Anlagen von Fruchtbäumen; sodann
aber, damit der Einbildungskraft ja nichts
Wünschenswertes abgehen, mehr oder weniger
aufsteigende, alljährlich neu angelegte Weinberge.

觀席勒的頭骨有感，1826 年

在那嚴肅的骸骨堂裡，我端詳著

　　一顆顆骷髏齊排並列；

　　我想起已然滄桑的昔日時光。

他們曾經仇恨相對，如今並排相鄰，

　　堅韌的骨頭，過去廝殺狠鬥，

　　如今散置此地，溫順長眠。

脫開的肩胛骨！它們往日承擔之事

　　再也沒人過問；而那些靈巧四肢，

手、腳現在已然散落出生命的賦格外。

疲憊的你們，如此無奈地躺下，

　　　　甚至在墓中也不得安寧，又被驅趕

　　　　回到了日光下，

沒有人會喜歡這乾癟的空殼，

　　　　儘管它曾經蘊藏過多麼高貴偉大的思想精髓。

　　　　然而，這些文字只為我這識者行家所寫，

其中神聖的意義並非向每個人顯露，

　　　　身在一群僵硬的人骨群中

　　　　我發現了一個無價偉大的造型，

在這個陰冷狹窄的空間，

　　　　我感到無比自在與溫馨，

　　　　彷彿生命之泉自死亡湧出。

這造形多麼神奇地令我著迷！

神的思想軌跡，得以保留！

　　　　瞬間，我被帶往那片汪洋大海，

波濤翻湧、迭起。

　　　　神秘的器皿，溢滿神諭的聖杯！

　　　　我何其有幸，將你握在手中？

我虔誠地從腐朽中把你最珍貴的寶藏

　　　　帶到自由的空氣裡，自由的思想中，

　　　　我虔誠地轉向陽光。

人在一生中能得到神性給他的啟示

夫復何求？

看祂如何讓實體昇華為思想，

看祂如何把創造的思想呈現為實體。

Bei Betrachtung von Schillers Schädel. 1826

Im ernsten Beinhaus war's, wo ich beschaute,
  wie Schädel Schädeln angeordnet paßten;
  die alte Zeit gedacht' ich, die ergraute.
Sie stehn in Reih geklemmt, die sonst sich haßten,
  und derbe Knochen, die sich tödlich schlugen,
  sie liegen kreuzweis, zahm allhier zu rasten.
Entrenkte Schulterbätter! Was sie trugen,
  fragt niemand mehr; und zierlich tät'ge Glieder,
  die Hand, der Fuß zerstreut aus Lebensfugen.
Ihr Müden also lagt vergebens nieder,
  nicht Ruh im Grabe ließ man euch, vertrieben
  seid ihr herauf zum lichten Tage wieder,
Und niemand kann die dürre Schale lieben,
  welch herrlich edlen Kern sie auch bewahrte.
  Doch mir Adepten war die Schrift geschrieben,
die heil'gen Sinn nicht jedem offenbarte,
  als ich in Mitten solcher starren Mengen
  unschätzbar herrlich ein Gebild gewahrte,
daß in des Raumes Moderkält' und Enge
  ich frei und wärmefühlend mich erquickte,
  also ob ein Lebensquell dem Tod entspränge.
Wie mich geheimnisvoll die Form entzückte!
  Die gottgedachte Spur, die sich erhalten!
  Ein Blick, der mich an jenes Meer entrückte,

> das flutend strömt gesteigerte Gestalten.
>
> Geheim Gefäß, Orakelsprüche spendend!
>
> Wie bin ich wert, dich in der Hand zu halten?
>
> Dich höchsten Schatz aus Moder fromm entwendend
>
> und in die freie Luft, zu freiem Sinnen,
>
> zum Sonnenlicht andächtig hin mich wendend.
>
> Was kann der Mensch im Leben mehr gewinnen,
>
> als daß sich Gott-Natur ihm offenbare?
>
> Wie sie das Feste läßt zu Geist verrinnen,
>
> wie sie das Geisterzeugte fest bewahre.

大自然預留了許多想像空間，讓我們就算透過知識與科學，最終仍然無法完全掌控或把她逼到牆角。

> Die Natur hat sich so viel Freiheit vorbehalten,
> daß wir mit Wissen und Wissenschaft ihr nicht
> durchgängig beikommen oder sie in die Enge
> treiben können.

以自然的觀點來看，泛神論的觀點深得我心；我深知，泛神論能觸及到最遠的地方。自然是如此完美，即使三位一體也無法錦上添花。它就像一架風琴，我們的上帝先生在上頭演奏，而魔鬼則在底下踩著風箱踏板。

> In der Naturansicht lasse ich mir den Pantheismus
> schon gefallen; weiß wohl, daß man damit
> am weitesten ausreicht. – Die Natur ist so,
> daß die Dreieinigkeit sie nicht besser machen
> könnte. Es ist eine Orgel, auf der unser Herrgott
> spielt, und der Teufel tritt die Bälge dazu.

萬千形貌，你潛身其中，
但是，我最親愛的，我立刻就能認出你；
即便你用魔法掩蔽自己，
無處不在的你，我立刻就能認出你。

在柏樹最純粹、年輕的枝芽間，
讓一切亭亭玉立的你，我立刻就能認出你；
在運河純然波動的生活中，
撫慰一切的你，我立刻就能認出你。

當噴泉的水柱上升撒下，
最愛嬉玩的你，我多麼高興認出你；

當雲朵變幻萬千，
千變萬化的你，我在那裡認出你。

在那開滿花朵的青草地毯上，

如滿天星斗般美麗的你，我立刻認出你；

當常春藤伸開手臂四處蔓延，

哦，無所不擁的你，我立刻認出你。

當晨光燃上山巒，

立刻，帶來一切歡樂的你，我向你問候；

當晴朗的天空在我頭上拱起，

心胸開闊的你，我呼吸到你。

一切我由外在感官與內心所認識的，

你，啟蒙萬物的你，我都是通過你而認識的；

當我呼喊真主一百個名字時，

每一個名字喊的都是你。

In tausend Formen magst du dich verstecken,
doch, Allerliebste, gleich erkenn' ich dich;
du magst mit Zauberschleiern dich bedecken,
Allgegenwärt'ge, gleich erkenn' ich dich.

An der Zypresse reinstem, jungem Streben,
Allschöngewachs'ne, gleich erkenn' ich dich;
in des Kanales reinem Wellenleben,
Allschmeichelhafte, wohl erkenn' ich dich.
Wenn steigend sich der Wasserstrahl entfaltet,
Allspielende, wie froh erkenn' ich dich;

wenn Wolke sich gestaltend umgestaltet,
Allmannigfalt'ge, dort erkenn' ich dich.

An des geblümten Schleiers Wiesenteppich,
Allbuntbesternte, schön erkenn' ich dich;
und greift umher ein tausendarm'ger Eppich,
o Allumklammernde, da kenn' ich dich.

Wenn am Gebirg der Morgen sich entzündet,
gleich, Allerheiternde, begrüß' ich dich;
dann über mir der Himmel rein sich ründet,
Allherzerweiternde, dann atm' ich dich.

Was ich mit äußerm Sinn, mit innerm kenne,
Du Allbelehrende, kenn' ich durch dich;
und wenn ich Allahs Namenhundert nenne,
mit jedem klingt ein Name nach für dich.

深信有個偉大的存在，不斷造化萬物、安排秩序，並引
導事物發展，祂隱藏在自然身後，讓人更容易理解其存
在。這樣的信念，不免浮現每個人心中。

> Die Überzeugung, daß ein großes, hervorbringendes,
> ordnendes und leitendes Wesen sich gleichsam
> hinter der Natur verberge, um sich uns faßlich zu
> machen, eine solche Überzeugung dringt sich einem
> jeden auf.

想像大自然站在賭桌邊，不停喊著**加碼**！也就是說，她用著已經贏到手的所有領土，快樂地，是的，甚至是無限地再玩一輪。石頭、動物、植物，萬物都在幾度機運的擲骰之間，重獲新生，誰又能知道，人類們是否因為這一把賭注，而被推往更高的目標呢？

> Man denke sich die Natur, wie sie gleichsam vor einem Spieltische steht und unaufhörlich *au double!* ruft, d.h. mit dem bereits Gewonnenen durch alle Reiche ihres Wirkens glücklich, ja bis ins Unendliche wieder fortspielt. Stein, Tier, Pflanze, alles wird nach einigen solchen Glückswürfen beständig von neuem wieder aufgesetzt, und wer weiß, ob nicht auch der ganze Menschen wieder nur ein Wurf nach einem höhern Ziele ist?

大自然能夠造就一切她所想要的，但是得按部就班，從不略過任何步驟。舉例來說，她沒有辦法憑空創造出一匹馬，除非造出其他在馬之前就誕生的所有動物，然後如爬梯子一般，打造馬的結構。所以，每一個都是為了一切，一切也都是為了每一個，也就是說一即一切。不論大自然看似如何變化多端，始終為一，即一個整體，所以若是自然只完成了其中的一部分，那其他的部分肯定也打下了基礎，並與之息息相關。

Die Natur kann zu allem, was sie machen will, nur in einer Folge gelangen. Sie macht keine Sprünge. Sie könnte z.B kein Pferd machen, wenn nicht alle übrigen Tiere vorausgingen, auf denen sie wie auf einer Leiter bis zur Struktur des Pferdes heransteigt: So ist immer Eines um Alles, Alles um Eines willen da, weil ja eben das Eine auch das Alles ist. Die Natur, so mannigfaltig sie erscheint, ist doch immer ein Eines, eine Einheit, und so muß, wenn sie sich teilweise manifestiert, alles Übrige diesem zur Grundlage dienen, dieses in dem übrigen Zusammenhang haben.

當親愛的山谷在我四周蒸騰，當太陽高掛在我身處地陰暗森林之上，無法穿透表面，只有幾縷光線偷偷溜進這塊聖地裡；當我躺在潺潺溪流邊，離離蔚蔚的草叢裡，地上無數形形色色的小草，令我有種奇妙之感；當我感受到草叢間小小世界的忙碌，無數令人捉摸不透的小蟲和蚊子，跳進我的心中；當我感受到一位全能者的存在，那位按照自己的形象創造了我們的全能者；當我感受到那全愛者的氣息，讓我們在永恆的幸福中飄浮，並支持著、包容著我們。我的朋友！當我的眼睛逐漸模糊，周圍的世界和天空只安歇在我的靈魂中，形象好比戀人一般，這時我常常渴望、思索著：啊，如果你能把這種感

覺表達出來，如果你能把內心中滿足、溫暖的生氣付諸紙張，讓它成為你靈魂的鏡子，如同你的靈魂是無限上帝的鏡子。

Wenn das liebe Tal um mich dampft, und die hohe Sonne an der Oberfläche der undurchdringlichen Finsternis meines Waldes ruht, und nur einzelne Strahlen sich in das innere Heiligtum stehlen, und ich dann im hohen Grase am fallenden Bache liege, und näher an der Erde tausend mannigfaltige Gräschen mir merkwürdig werden, wenn ich das Wimmeln der kleinen Welt zwischen Halmen, die unzähligen, unergründlichen Gestalten all der Würmchen, der Mückchen näher an meinem Herzen fühle, und fühle die Gegenwart des Allmächtigen, der uns nach seinem Bilde schuf, das Wehen des Alliebenden, der uns in ewiger Wonne schwebend trägt und erhält, mein Freund! wenn's dann um meine Augen dämmert, und die Welt um mich her und der Himmel ganz in meiner Seele ruhn wie die Gestalt einer Geliebten, dann sehne ich mich oft, und denke: ach könntest du das wieder ausdrücken, könntest du dem Papier das einhauchen, was so voll, so warm in dir lebt, daß es würde der Spiegl deiner Seele, wie deine Seele ist der Spiegel des unendlichen Gottes.

村莊、城鎮、鄉間別墅、葡萄園以及更高處，森林和阿爾卑斯山脈延展的所在，牧人小屋，大多漆成雪白和明亮的顏色，在陽光下閃耀。湖上的霧氣正緩緩退去，因此能清楚地看見從此岸延伸出去，被稱為小湖的地方，在那兒，大湖開始變窄，往對岸的日內瓦延伸，接著，彼岸的形象也變得清晰，與湖泊相接。[7] 然而，一切之上，最引人注目的是冰川和雪山的景色。我們躲在岩石後面坐下，避開冷風，享受著陽光普照，吃喝飲食都格外美味。我們看著霧氣逐漸散去，每個人都發現了一些什麼，或認為自己發現了什麼。我們漸漸能看見洛桑，還有附近一棟棟花園別墅，還有沃維（Vevey）和岩石上的西庸城堡（Schloss von Chillon），一切清晰可見。山脈綿延到湖邊，遮住了我們遙望瓦萊州（Wallis）的入口，從那兒可以看到薩伏依岸（Küste Savoyer）的依雲小鎮（Evian）、里帕伊（Ripaille）、托農（Thonon）和周圍的小村莊和房屋。最後，日內瓦也從右邊的霧氣中顯現出來了。不過接近中午時分，在克雷多山（Mont Credo）和沃什山（Mont Vauche）之間，即雷庫斯要塞（Fort l'Ecluse）的所在地，霧氣仍未消散。當我們再次向左看去，從洛桑到索洛圖恩（Solothurn）被蒙上了一

7　此為萊芒湖（Lac Léman），瑞士與法國之間的湖泊。分作東部隆河入湖口的「上湖」、大湖、西南方較窄的「小湖」。

層薄霧，僅留近處的幾座山脈與高地可辨，還有幾棟白色小屋。有人指給我們看霧中閃爍的尚萬城堡（Schloss Chanvan），這座城堡位於新堡湖[8]（Neuburger See）左側，由此我們可推測它的位置，但藏在藍色霧裡仍然看不清。

沒有文字能夠形容這壯美的景色。沉浸在那一眼瞬間，幾乎無法意識到自己正在觀看，只是樂於回憶起那些熟悉城市和地點的名字和舊時模樣，並在恍惚中感到欣喜，意識到眼前的那些白色小點正是那些地方。

而成列閃耀的冰山不斷引誘著目光與心靈。隨著太陽逐漸西斜，夕陽斜斜照亮了一大片我們所在的此岸。從湖面上望去，那些黑色的岩脊、鋸齒狀山峰、塔樓與層層疊疊的山牆在冰山前拔地而起！構成了野性、巨大的、看不透的前景！當它們在純淨和清澈的空氣中，在我們面前變化萬千，令人樂於放棄對無限的任何一絲奢望，畢竟縱使是眼下這片有限的景象與想法，我們也無法完全掌握。

我們眼前是一片富饒的農地，我們腳下則是一片既空曠光禿的岩山，但還長著些草，可作牲畜的飼料，想像力奔騰的世界之主仍佔有這片土地；但那些冰山卻像極了一列神聖的少女，如天上有靈氣顯現在我們眼前，卻無

8　即納沙泰爾湖（Lac de Neuchâte）。

法接近的地方，只為自己獨自而立，永遠守著純真。我們在那裡停留，彼此較勁般，輪流用肉眼或望遠鏡發現城市與山景。遲遲不願下山，直到太陽逐漸西下，霧氣在湖面上散佈開來，捎來了向晚的氣息。日落時，我們來到了聖塞爾格堡壘（Fort de St. Sergues）的遺址。即便此處鄰近山谷，我們的目光也只鎖定對岸的冰山。最左邊的高地上，冰川似乎在輕微的火光中蒸騰，而近處的那些山峰，被夕陽染成橘紅一片。漸漸地，山景變成了白色、綠色和灰色相間的圖畫。那景象幾乎讓人感到恐懼。有如一個巨大的軀體，從外緣開始逐漸往心臟消亡一般，一切顏色朝著白朗峰的方向褪去，只有白朗峰那寬廣的胸膛仍然映著紅光。即使到了最後，它似乎仍留著一閃紅色光芒，好比我們不願承認所愛之人的逝去，不願向心跳停止的瞬間告別。月亮升起，照亮了我們前往尼永（Nyon）的路。途中，我們緊張的感官逐漸舒展開來，再次變得愉快，在客棧的窗戶前享受新鮮的空氣，欣賞月光在清澈湖面上波光粼粼的倒影。

Dörfer, Städtchen, Landhäuser, Weinberge und höher heraus, wo Wald und Alpen angehen, Sennhütten, meist weiß und hell angestrichen, leuchteten gegen die Sonne; vom See hatte sich der Nebel schon zurückgezogen, wir sahen den nächsten Teil an unsrer Küste deutlich, den sogenannten kleinen See, wo sich der große verenget und gegen

Genf zu geht, dem wir gegenüber waren, ganz, und gegenüber klärte sich das Land auf, das ihn einschließt. Über alles aber behauptete der Anblick über die Eis- und Schneeberge seine Rechte. Wir setzen uns vor der kühlen Luft in Schutz hinter Felsen, ließen uns von der Sonne bescheinen, das Essen und Trinken schmeckte trefflich. Wir sahen dem Nebel zu, der sich nach und nach verzog, jeder entdeckte etwas oder glaubte was zu entdecken, wir sahen nach und nach Lausanne mit allen Gartenhäusern umher, Vevey und das Schloß von Chillon ganz deutlich, das Gebirg, das uns den Eingang vom Wallis verdeckte, bis in den See, von da an der Savoyer Küste Evian, Ripaille, Thonon, Dörfchen und Häuschen zwischen inne, Genf kam endlich rechts auch aus dem Nebel, aber weiter gegen Mittag, gegen den *Mont Credo* und *Mont Vauche*, wo das *Fort l'Ecluse* inneliegt, zog er sich gar nicht weg. Wendeten wir uns wieder links, so lag das ganze Land von Lausanne bis Solothurn in leichtem Duft, die näheren Berge und Höhen, auch alles, was weiße Häuser hatte, konnten wir erkennen, man zeigte uns das Schloß Chanvan blinken, das vom Neuburger See links liegt, woraus wir seine Lage mutmaßen, ihn aber in dem blauen Dunst nicht erkennen konnten.

Es sind keine Worte für die Größe und Schöne dieses Anblicks, man ist sich im Augenblick selbst kaum bewußt, daß man sieht, man ruft sich nur gern die Namen und alten Gestalten der bekannten

Städte und Orte zurück und freut sich in einer taumelnden Erkenntnis, daß das eben die weißen Punkte sind, die man vor sich hat.

Und immer wieder zog die Reihe der glänzenden Eisgebirge das Aug' und die Seele an sich. Die Sonne wendete sich mehr gegen Abend und erleuchtete ihre größeren Flächen gegen uns zu. Schon was vom See auf für schwarze Felsrücken, Zähne, Türme und Mauern in vielfachen Reihen vor ihnen aufsteigen! wilde, ungeheure, undurchdringliche Vorhöfe bilden! wann sie dann erst selbst in der Reinheit und Klarheit in der freien Luft mannigfaltig daliegen; man gibt da gern jede Prätension ans Unendliche auf, da man nicht einmal mit dem Endlichen im Anschauen und Gedanken fertig werden kann.

Vor uns sahen wir ein fruchtbar bewohntes Land, der Boden, worauf wir stunden, ein hohles, kahles Gebirge, trägt noch Gras, Futter für Tiere, von denen der Mensch Nutzen zieht, das kann sich der einbildliche Herr der Welt noch zueignen; aber jene sind wie eine heilig Reihe von Jungfrauen, die der Geist des Himmels in unzulänglichen Gegenden, vor unsern Augen, für sich allein, in ewiger Reinheit aufbewahrt. Wir bleiben und reizten einander, wechselweise Städte, Berge und Gegenden bald mit bloßem Auge, bald mit dem Teleskop, zu entdecken und gingen nicht eher abwärts, als bis die Sonne im Weichen den Nebel seinen Abendhauch über den See breiten ließ. Wir kamen mit Sonnenuntergang auf die Ruinen des *Fort de St. Sergues*. Auch näher am Tal waren unsre Augen nur auf die Eisgebirge gegenüber gerichtet. Die letzten, links im Oberland, scheinen in einem leichten Feuerdampf aufzuschmelzen, die nächsten standen noch mit wohl bestimmten roten Seiten gegen uns, nach und nach wurden jene weiß-grün-graulich. Es sah fast ängstlich aus. Wie ein gewaltiger Köper von außen gegen das Herz zu abstirbt, so erblaßten alle langsam gegen den *Mont Blanc* zu, dessen weiter Busen noch immer rot herüber glänzte und auch zuletzt uns noch einen rötlichen Schein zu behalten schien, wie man den Tod des Geliebten nicht gleich bekennen und den Augenblick, wo der Puls zu schlagen aufhört, nicht abschneiden will. Der Mond ging auf und leuchtete uns nach Nyon, wo unterwegs unsere gespannten Sinnen sich wieder lieblich falten konnten, wieder freundlich wurden und mit frischer Luft aus den Fenstern des Wirtshauses den breitschwimmenden Widerglanz des Mondes im ganz reinen See genießen konnten.

深深的靜謐籠罩著水面，
大海靜止無波，
船夫憂心忡忡地望向
光滑的海面。
四面八方毫無風息！

一片死寂，令人驚懼！
在這無邊的廣闊中，
沒有一絲波瀾。

Tiefe Stille herrscht im Wasser,
ohne Regnung ruht das Meer,
und bekümmert sieht der Schiffer
glatte Fläche rings umher.
Keine Luft von keiner Seite!
Todesstille fürchterlich!
In der ungeheuern Weite
regt keine Welle sich.

論花崗岩

我不害怕被人批評，我是出於一種反骨的精神，才從對人心的觀察與描述——這個最年輕、複雜、激昂，又最變化多端、最易受影響的部分，轉向對花崗岩的觀察——自然界中最古老、最堅實、深沉，且最不可撼動的部分。畢竟人們最好承認，自然界的萬物都是緊密相連的，而我的研究精神可不會容許自己，遺落下任何可及之物。是的，請允許我這樣做，因為我已經為了人類思想的轉變，還有自己與他人內心的瞬息萬變，而飽受委屈。這種崇高的靜謐，是那孤獨無聲的偉大自然，輕

聲賦予的。任何對此有一絲感知的人，都請跟隨我。

在這個亙古的祭壇上，深入造物主之力，我向萬物之源獻祭。我感受到我們存在的最初、最堅毅的起點，我俯瞰世界，峻峭有稜的山谷以及遠處肥沃的草原，我的靈魂超越了自我和一切，渴望接近天堂。

這樣的觀察對迷惘之人也頗有益處，在觀察中使人有所專注，並為敏銳的人提供機會，鍛鍊自己。

Über den Granit

Ich fürchte den Vorwurf nicht, daß es ein Geist des Widerspruches sein müsse, der mich von Betrachtung und Schilderung des menschlichen Herzens, des jüngsten, mannigfaltigsten, beweglichsten, veränderlichsten, erschütterlichsten Teiles der Schöpfung zu der Beobachtung des Granits, des ältesten, festesten, tiefsten, unerschütterlichsten Sohnes der Natur geführt hat. Denn man wird mir gerne zugeben, daß alle natürlichen Dinge in einem genauen Zusammenhange stehen, daß der forschende Geist sich nicht gerne von etwas Erreichbarem ausschließen läßt. Ja, man gönne mir, der ich durch die Abwechslungen der menschlichen Gesinnungen, durch die schnellen Bewegungen derselben in mir selbst und in andern manches gelitten habe und leide, die erhabene Ruhe, die jene einsame stumme Nähe der großen, leise sprechenden Natur gewährt, und wer davon eine Ahndung hat, folge mir.

Hier auf dem ältesten, ewigen Altare, der unmittelbar auf die Tiefe der Schöpfung gebaut ist, bring' ich dem Wesen aller Wesen ein Opfer. Ich fühle die ersten, festesten Anfänge unsers Daseins, ich überschaue die Welt, ihre schrofferen und gelinderen Täler und ihre fernen fruchtbaren Weiden, meine Seele wird über sich selbst und über alles erhaben und sehnt sich nach dem nähern Himmel.

Bei Beobachtungen sind selbst die Irrtümer nützlich, indem sie aufmerksam machen und dem Scharfsichtigen Gelegenheit geben, sich zu üben.

所有動物都自有其存在之目的，完美地

從自然的懷抱中誕生，並完美地繁衍後代。

所有的軀體都按照永恆的法則塑造，

最少見的模樣，冥冥中也保留著最初的型態。

所以說，每一張口都能恰得其食，

應身體所需，無論是否脆弱無牙，

無論顎骨是否強悍有勁，每一種動物，

都具有適切的器官，為軀體供給養分。

每一隻腳的運動，或長或短，

都與動物的意圖與需求和諧相應。

因此，每個孩子的純然的健全，

仰賴母親：因為所有生命的身軀

從不相互矛盾，只為生命服務。

所以說，動物的樣貌決定了牠們的生活方式，

而生活方式又深深地影響其樣貌。

如此一來，井然有序的塑造使其定貌，

又藉外在的因素而有所變化。

然而動物的內在有著造物者高貴的力量

受到充滿活力的明亮光環保護著。

內外的界線，連神都不能推移，大自然尊重它們的界線：

因為唯有限制，方使完美可能。

但是內心裡，彷彿有一種精神正猛烈地掙扎，

試圖突破這光圈，隨意地創造形貌，

如同創造意志；然而所有的開始，注定會是徒勞。

即便試圖突破這個身體，那個軀殼，

將他們武裝起來，其他軀幹卻會

因此受損，過重的負擔破壞了

形態之美和純粹的行動。

因此，若是見到某個生物，在某方面有特別的優勢，

要馬上問自己：它在其他方面有什麼缺陷？

並以探究的精神尋出答案：

你將因此找到形塑所有體貌的關鍵。

沒有任何動物，能同時長齊了牙齒，

額頭上還長角，

所以，永恆的母親不可能讓獅子長角

縱使她傾盡全力，

因為她沒有那種辦法，植滿

整排的牙齒，又插上鹿茸或額角。

這樣美好的觀念，關乎力量與限制、隨性與法則、

自由與尺度、靈活的秩序、

優勢和劣勢，願你因此歡欣；神聖的繆思

和諧地授予於你，溫和地教導你。

沒有更高的觀念，能使道德思想家、有為者、

詩意的藝術家爭奪，唯有

配得上統治的君王，才能受此加冕。

願你喜悅，自然界最高的造物，因你能夠感受，

且沉思她在創造時，所追求的最高理念。

在此你停下腳步，轉身回首，

檢視，比較，接受，繆斯口中的真理，

你看見的，毫不誇張，是甜美的確知。

> Zweck sein selbst ist jegliches Tier, vollkommen entspringt es
> aus dem Schoß der Natur und zeugt vollkomme Kinder.
> Alle Glieder bilden sich aus nach ew'gen Gesetzen,
> und die seltenste Form bewahrt im geheimen das Urbild.

So ist jeglicher Mund geschickt, die Speise zu fassen,

welche dem Körper gebührt; es sei nun schwächlich und zahnlos

oder mächtig der Kiefer gezahnt, in jeglichem Falle

fördert ein schicklich Organ den übrigen Gliedern die Nahrung.

Auch bewegt sich jeglicher Fuß, der lange, der kurze,

ganz harmonisch zum Sinne des Tiers und seinem Bedürfnis.

So ist jedem der Kinder die volle reine Gesundheit

von der Mutter bestimmt: denn alle lebendigen Glieder

widersprechen sich nie und wirken alle zum Leben.

Also bestimmt die Gestalt die Lebensweise des Tieres,

und die Weise, zu leben, sie wirkt auf alle Gestalten

mächtig zurück. So zeigt sich fest die geordnete Bildung,

welche zum Wechsel sich neigt durch äußerlich wirkende Wesen.

Doch im Innern befindet die Kraft der edlern Geschöpfe

sich im hellen Kreise lebendiger Bildung beschlossen.

Diese Grenzen erweitert kein Gott, es ehrt die Natur sie:

Denn nur also beschränkt war je das Vollkommene möglich.

Doch im Inneren scheint ein Geist gewaltig zu ringen,

wie er durchbräche den Kreis, Willkür zu schaffen den Formen

wie dem Wollen; doch was er beginnt, beginnt er vergebens.

Denn zwar drängt er sich vor zu diesen Gliedern, zu jenen,

stattet mächtig sie aus, jedoch schon darben dagegen andere Glieder, die Last des Übergewichtes vernichtet

alle Schöne der Form und alle reine Bewegung.

Siehst du also dem einen Geschöpf besonderen Vorzug

irgend gegönnt, so frage nur gleich; wo leidet es etwa

Mangel anderswo? und suche mit forschendem Geiste:

Finden wirst du folglich zu aller Bildung den Schlüssel.

Denn so hat kein Tier, dem sämtliche Zähne den obern

Kiefer umsäumen, ein Horn auf seiner Stirne getragen,

und daher ist den Löwen gehörnt der ewigen Mutter ganz unmöglich zu bilden und böte sie alle Gewalt auf;

denn sie hat nicht Masse genug, die Reihen der Zähne

völlig zu pflanzen und auch Geweih und Hörner zu treiben.

Dieser schöne Begriff von Macht und Schranken, von Willkür

und Gesetz, von Freiheit und Maß, von beweglicher Ordnung,

Vorzug und Mangel, erfreue dich hoch; die heilige Muse

bringt harmonisch ihn dir, mit sanftem Zwange belehrend.

Keinen höhern Begriff erringt der sittliche Denker,

keinen der tätige Mann, der dichtende Künstler; der Herrscher,

der verdient es zu sein, erfreut nur durch ihn sich der Krone.

Freue dich, höchstes Geschöpf der Natur, du fühlest dich fähig,

ihr den höchsten Gedanken, zu dem sie schaffend sich aufschwang,

nachzudenken. Hier stehe nun still und wende die Blicke

rückwärts, prüfe, vergleiche, und nimm vom Munde der Muse,

daß du schaust, nicht schwärmst, die liebliche volle Gewißheit.

國家圖書館出版品預行編目(CIP)資料

歌德的安慰：沒有什麼比自然更偉大/歌德(Johann Wolfgang von Goethe)
著；吳佳馨譯. -- 初版. -- 新北市：菓子文化, 遠足文化事業股份有限公
司, 2024.10
　面；　公分
譯自：Trost bei Goethe
ISBN 978-626-98185-1-8(平裝秋色銀杏版). --
ISBN 978-626-98185-2-5(平裝雪白經典版)

1.CST: 歌德(Goethe, Johann Wolfgang von, 1749-1832) 2.CST: 格言

192.8　　　　　　　　　　　　　　　　　　　　　113013884

菓 子
Götz Books

歌德的安慰
Trost bei Goethe

作　　者　歌德（Johann Wolfgang von Goethe）著
譯　　者　吳佳馨

主　　編　邱靖絨
排　　版　菩薩蠻電腦科技有限公司
封面設計　萬亞雰
出　　版　菓子文化 / 遠足文化事業股份有限公司
發　　行　遠足文化事業股份有限公司
地　　址　231 新北市新店區民權路 108 之 2 號 9 樓
電　　話　02-22181417
傳　　真　02-22181009
E m a i l　service@bookrep.com.tw
郵撥帳號　19504465 遠足文化事業股份有限公司
客服專線　0800221029
印　　刷　東豪印刷股份有限公司
定　　價　380 元
初　　版　2024 年 10 月

法律顧問　華洋法律事務所　蘇文生律師
有著作權，翻印必究

歡迎團體訂購，另有優惠，請洽業務部 (02)2218-1417 分機 1124、1135
傳真：02-2368 7542
網址：http://www.goethe.de/taipei